A LEITURA DA SORTE
NA UMBANDA E NO CANDOMBLÉ

A LEITURA DA SORTE
NA UMBANDA E NO CANDOMBLÉ

Omiran Onidajó

Copyright© 2007
Omiran Onidajó

Produção editorial
Pallas Editora

Preparação de originais
Eneida Duarte

Revisão
Cindy Leopoldo
José Moura
Silvia Rebello

Projeto gráfico de miolo
Fernanda Barreto

Diagramação
Abreu´s System

Capa
Claudia Cohen e Amélia Paes

Todos os direitos reservados à Pallas Editora e Distribuidora Ltda. É vetada a reprodução por qualquer meio mecânico, eletrônico, xerográfico etc., sem a permissão por escrito da editora, de parte ou totalidade do material escrito.

CIP-BRASIL. CATALOGAÇÃO-NA-FONTE
SINDICATO NACIONAL DOS EDITORES DE LIVROS, RJ

O67L	Onidajó, Omiran. A leitura da sorte na Umbanda e no Candomblé / Omiran Onidajó. – Rio de Janeiro : Pallas, 2007. Inclui bibliografia ISBN 978-85-347-0397-0 1. Leitura da sorte. 2. Adivinhação. 3. Oráculos. 4. Cultos afro-brasileiros – Cerimônias e práticas. I. Título.
07-0163	CDD 299.67 CDU 299.6

Pallas Editora e Distribuidora Ltda.
Rua Frederico de Albuquerque, 56 – Higienópolis
CEP 21050-840 – Rio de Janeiro – RJ
Tel./fax: (021) 2270-0186
www.pallaseditora.com.br
pallas@pallaseditora.com.br

SUMÁRIO

Prefácio, 7
As religiões afro-brasileiras, 9
O jogo de búzios, 25
O jogo de ifá, 61
O jogo de obi, 67
O jogo da alobaça, 71
A astrologia, 73
A cartomancia, 103
A quiromancia, 121
A clarividência, 141
Palavras finais, 143

PREFÁCIO

Um dos costumes mais universais entre os povos de todas as épocas e lugares é a prática da adivinhação. Esta obra descreve uma pequena parte desse acervo universal: as técnicas oraculares vinculadas às religiões afro-brasileiras, que podem ser divididas em dois grandes grupos. O primeiro inclui as que foram transplantadas da África pelos escravos trazidos para o Brasil: o jogo dos búzios, chamado de "delogum" (do nagô "merindilogum", ou número 16) e "zamburá" (ato de adivinhar); o jogo das nozes de cola (obi); o oráculo com coquinhos de dendezeiro (jogo de ifá); e o jogo da alobaça (cebola). Essas práticas guardaram extraordinariamente sua pureza, sendo aqui exercidas de forma quase igual à encontrada na região de onde são oriundas, uma vez que o sincretismo religioso que deu forma cristã aos deuses africanos mal as tocou, se é que as atingiu em algum nível.

O segundo grupo se afasta das tradições africanas, sendo seus componentes adaptações sincréticas de artes divinatórias européias. Nele se encontram a astrologia, a cartomancia e a quiromancia, além da prática da clarividência. No presente contexto, essas técnicas diferem dos métodos esotéricos originais por se fundamentarem nos orixás, suas características, suas influências e regências, benéficas ou maléficas, de acordo com as circunstâncias.

A atividade divinatória sempre recebe a orientação, inspiração ou ação direta (mediante incorporação) de um orixá ou um dos guias do médium. Quando é realizada como parte de rituais litúrgicos, a adivinhação requer uma preparação que envolve o uso de banhos de descarga; abstinência de certos alimentos (ou até mesmo jejum), de bebidas alcoólicas e atividade sexual; adoção de medidas de segurança, como acender velas aos anjos-de-guarda e cercar-se com símbolos das entidades espirituais da religião; e o pedido de permissão ao chefe do terreiro ou ao guia espiritual no momento de fazer o jogo.

Entre as técnicas aqui apresentadas, algumas têm uso exclusivamente ritual; outras, entretanto, podem ser empregadas em consultas ao público externo que procura a orientação das entidades espirituais para os problemas de sua vida cotidiana.

AS RELIGIÕES AFRO-BRASILEIRAS

AS RELIGIÕES DENOMINADAS AFRO-BRASILEIRAS DIVIDEM-SE BASICAmente em dois grandes grupos, cada um com algumas subdivisões: o candomblé, que se diz pertencente a diferentes nações, conforme a origem de seu ritual e simbolismo; e a umbanda, que pode ser popular, esotérica ou cruzada com o candomblé. As raízes de ambos são encontradas nas religiões dos principais povos africanos trazidos para o Brasil por mercadores portugueses, que os adquiriram nos grandes empórios dos Golfos da Guiné e do Congo. Da primeira região vieram os iorubás ou nagôs, que habitavam diversos reinos localizados no território da atual Nigéria, como Oió, Queto e Ijexá; os jejes do Daomé, atual Benim; e os fanti-axanti ou minas, que viviam na região onde hoje fica o Estado de Gana. Da região onde hoje ficam o Congo e Angola vieram os povos bantos, trazidos para o Brasil sob as denominações de cabindas, angolas, moçambiques, benguelas e congos.

Todos esses povos tinham religiões caracterizadas pela possessão dos fiéis por entidades sobrenaturais, que podiam ser deuses (forças da natureza) ou espíritos de mortos. Na religião dos povos iorubás, o culto dos deuses – chamados orixás – e o dos mortos eram nitidamente separados, com predominância do primeiro no cotidiano dos fiéis; os jejes, minas e bantos mantinham uma proximidade muito maior com seus ancestrais, embora também cultuassem deuses chamados respectivamente de voduns (nome usado nos cultos jeje e mina no Brasil) e inquices.

Segundo a concepção das religiões afro-brasileiras, todos os seres humanos estão sob o governo dos deuses, em todos os setores de sua vida material. No candomblé, cada pessoa é filha de um orixá, além de ter o acompanhamento de um exu pessoal e de um erê (forma infantil de seu orixá). Na umbanda, a cabeça de cada indivíduo é governada por dois "santos", um de cada sexo, que são orixás. Aos anjos protetores de outras crenças correspondem mentores espirituais elevados (caboclos, pretos-velhos, crianças, ciganos etc.). Exus e pomba-giras também acompanham os indivíduos como espíritos auxiliares.

O CANDOMBLÉ

O candomblé consiste na recriação, ocorrida no Brasil, das religiões originais dos povos africanos que para aqui vieram. Segundo os estudiosos, houve uma fase inicial de reorganização, durante o século XIX, em que cada grupo cultural – angolas, jejes, congos, nagôs – começou a praticar seus ritos e a cultuar seus deuses. Esses rituais, de característica francamente africana, foram chamados de candomblés das várias nações. Todos tinham uma base comum formada pelo ritual de possessão estimulada por danças e cantos ao som de atabaques; a devoção a uma divindade pessoal que era o ancestral espiritual do indivíduo; a realização de oferendas e sacrifícios às divindades; a medicina mágica e a adivinhação. Eles se diferenciavam na língua utilizada, nos nomes dos deuses e em detalhes rituais, como os ritmos dos cânticos.

Com o passar do tempo, essas várias religiões se aproximaram umas das outras e adotaram um modelo geral baseado no nagô, mas preservando peculiaridades das diversas nações. A classe sacerdotal, organizada segundo uma hierarquia rigorosa, é formada por pessoas que se preparam por longos anos, iniciando-se nos mistérios da religião. Essas pessoas são chamadas "filhas e filhos-de-santo" (iaôs), "pais e mães-de-santo" (babalorixás e ialorixás), segundo estejam em preparo ou prontos para as funções sacerdotais diretamente ligadas ao culto dos deuses, e "babalaôs", que são os sacerdotes capacitados para consultar os jogos divinatórios.

A essência do candomblé é o culto do orixá dono da cabeça do indivíduo, como forma de promover a harmonia entre este e o mundo espiritual. Para atingir esse objetivo, o fiel "faz a cabeça" (passa por uma série de cerimônias iniciatórias destinadas a desenvolver sua ligação com a divindade) e "assenta" seu orixá (cria uma representação material dessa divindade que será objeto de todos os procedimentos do culto). O candomblé tem ritos públicos e privados. O culto privado consiste na devoção de cada indivíduo a seu orixá, incluindo a realização de oferendas e orações nas suas datas votivas. As oferendas incluem animais, vegetais, comidas típicas, minerais e objetos de cores e características diversas. Tudo isto é entregue às entidades em locais, horas e circunstâncias mais ou menos rigidamente determinados de acordo com as características da divindade homenageada.

Durante o culto público, no qual os orixás são chamados para incorporar em seus filhos, podendo dessa forma dançar e receber as oferendas de seus fiéis, cada um dos iniciados usa trajes e adereços que lembram o vestuário africano, nas cores do seu orixá, devendo trazer as guias (colares de contas) e a ferramenta que o caracterizam. Ao contrário do que ocorre na umbanda, não há realização de consultas nem aplicação de passes, mas somente reverência às divindades temporariamente encarnadas.

O candomblé preservou em grande parte os métodos divinatórios africanos, empregando-os para a tomada de todas as decisões essenciais à prática cotidiana da religião. Um traço característico nesse caso é o rigor em relação à execução dos jogos: somente o iniciado com a filiação espiritual exigida em cada caso pode passar pelo treinamento no oráculo; e ele somente poderá começar a praticá-lo em caráter oficial após receber a ordem do babalaô que dirigiu sua iniciação.

A UMBANDA

A umbanda é uma religião sincrética essencialmente brasileira, resultante da união de conceitos e rituais do candomblé, espiritismo, catolicismo, tradições indígenas, cabala e outros cultos. Ela adota como dogma um modelo espiritualista baseado num esquema de reencarnações, análogo ao postulado por espíritas, bramanistas e budistas; aceita a lei de causa e efeito como princípio determinante dessas reencarnações, cujo fim é a evolução espiritual de todos os seres viventes, notadamente os humanos; reconhece a existência de uma divindade suprema a quem se subordinam entidades secundárias; e realiza magia curativa e protetora, baseada na realização de oferendas e na produção de talismãs utilizando elementos animais, vegetais, minerais e objetos que carregam os poderes das entidades espirituais.

A umbanda divide o mundo espiritual em sete linhas chefiadas pelos principais orixás que cultua. Cada linha é formada por falanges constituídas por entidades espirituais que, depois de terem vivido na Terra como seres humanos, através de muitas reencarnações, adquiriram força espiritual, sendo encarregados de missões especiais cujo objetivo é auxiliar a evolução dos homens. As cerimônias religiosas baseiam-se na possessão dos médiuns ("cavalos" ou "aparelhos") por entidades de várias categorias, tanto benéficas quanto maléficas. A finalidade dessa possessão, no caso da umbanda, é a prática da caridade por parte das entidades que oferecem orientação, conselhos, indicações terapêuticas e outros benefícios aos crentes, sejam eles adeptos ou não da religião.

Ao contrário do que acontece no candomblé, o iniciado na umbanda nunca "recebe" (incorpora) os orixás; nessa religião, o médium recebe apenas espíritos de pretos-velhos, caboclos, crianças e outras entidades que são seus "guias", ou seja, que orientam sua vida espiritual. Além desses guias, podem "baixar" nos terreiros outros espíritos, de boa ou má índole, adiantados ou atrasados. Os atrasados são doutrinados quanto à sua condição, suas missões e perspectivas, como ocorre entre os kardecistas. Não raro, indivíduos possessos (com "encosto") são exorcizados ritualmente.

Na umbanda, os sacerdotes recorrem às adivinhações para atender a objetivos próprios do culto; mas outras pessoas qualificadas podem realizar jogos divinatórios exclusivamente para atender às consultas das pessoas que buscam orientação espiritual. A adivinhação feita na umbanda inclui a análise da sorte determinada pelas vidas anteriores, mas depende, na atual encarnação, do livre-arbítrio que determina a composição do carma do indivíduo; a identificação de pensamentos, idéias e desejos do consulente; e o diagnóstico da aura (campo energético pessoal), que é altamente cambiável, sendo influenciado, para melhor ou pior, não só pelo gênero de vida, conceitos, pensamentos e intenções da pessoa, mas também pela proximidade e contato de outros indivíduos.

O PANTEON AFRO-BRASILEIRO

Os orixás cultuados no Brasil são numerosos. Entretanto, se o candomblé conservou um grande panteon, a umbanda adotou somente uma pequena parte dele, formada por nove "santos" (Oxalá, Iemanjá, Ogum, Xangô, Oxóssi, Iansã, Omolu, Oxum e Nanã), sendo que os orixás Ibeji e Exu transformaram-se em grupos de entidades. No sincretismo religioso brasileiro, os orixás passaram a representar alguns santos católicos, segundo um esquema de correspondências que varia regionalmente.

O número de orixás é multiplicado pelo de variedades existentes de cada um, geralmente originárias das diferentes entidades míticas que foram sincretizadas em uma só divindade. As maiores autoridades religiosas reconhecem a existência de três Oxalás, doze Xangôs, sete Oguns, quatro Oxóssis, quatorze Omolus, dezesseis Oxuns, nove Iansãs, sete Iemanjás e vinte e um Exus.

Cada dia da semana está sob a regência de um orixá especial, como ocorre na astrologia com os deuses regentes dos planetas. O mesmo acontece com as horas em ambos os sistemas: os orixás as presidem como os mencionados deuses, tendo ainda atribuições planetárias como estes. A especificação a respeito será feita ao tratarmos dos métodos astrológicos associados às religiões afro-brasileiras.

A multiplicidade de nomes encontrada para diversos orixás deve-se ao fato de que os africanos das várias nações, com línguas diferentes, deram aos "santos" nomes em seus respectivos idiomas. A fim de simplificar essa exposição, cujo objetivo não é o estudo detalhado de todas as variantes das religiões afro-brasileiras, cada orixá será aqui identificado apenas por seu nome na tradição nagô.

Exu

No candomblé Exu é um orixá, dono dos caminhos e encruzilhadas, mensageiro entre os mortais e os outros deuses. Na umbanda, esse é o nome de uma grande quantidade de entidades espirituais, os exus, que compõem o "Povo da Rua". Exu simboliza o indivíduo dissimulado, intrigante, de mau caráter e oportunista, mas que pode ser um aliado ou amigo útil em dadas ocasiões. A Pomba-gira (termo derivado de Bombojira, o nome banto do inquice correspondente) representa a mulher em sua plenitude, maliciosa, intrigante, de maus propósitos, o equivalente feminino dos exus, quase sempre com influência maléfica. Mas não lhe faltam virtudes: o segredo consiste em explorar-lhe os aspectos favoráveis pois, como essas entidades vivem nas ruas, tratam de todos os assuntos ligados a trabalho, viagens e ganhos. As cores de Exu e Pomba-gira são o preto e o vermelho; seu dia é a segunda-feira. Exu é freqüentemente associado ao demônio cristão, mas, quando perde esse caráter maligno, é sincretizado com Santo Antônio.

Omolu

Senhor da terra, está ligado aos infortúnios, aos males da idade avançada e às doenças em geral. Sob seu aspecto mais sombrio, anuncia morte e destruição. Mas favorece a sorte (a quem lhe é devotado) e tem a capacidade de curar especialmente doenças de pele, infecções, enfermidades graves e epidemias; por isso é chamado Médico dos Pobres. É um ancião dos mais sábios, amigo dos místicos, ascetas e ocultistas. Filho de Nanã, é também chamado Obaluaê e Xapanã (sua forma mais terrível). É sincretizado com os Santos Roque (o jovem Obaluaê) e Lázaro (o idoso Omolu). Não tem linha própria na umbanda; é chefe de uma das linhas da quimbanda, que trabalha com os povos das Ruas (chefiado por Exu) e do Cemitério (chefiado por Omolu). Suas cores são preto e branco; seu dia é a terça-feira.

Iroco

Esse orixá é desconhecido na umbanda, sendo rara sua aparição mesmo no candomblé, pois é cheio de mistérios. No sincretismo ocorrido no Brasil reúne duas divindades: Iroco, filho de Nanã e irmão de Omolu, é a árvore sagrada dos jejes e iorubás, existente em todos os terreiros de candomblé e considerada a residência de todos os deuses; Tempo (Kitembo) é o inquice angolano do clima. Seu humor é tão variável e imprevisível quanto o tempo; por esse motivo o orixá favorece todas as mudanças e protege contra riscos inesperados ou ocultos. Esse orixá não fala pelas adivinhações. Na forma de Iroco é sincretizado com São Lourenço; como Tempo, com São Francisco de Assis. É cultuado na terça-feira, juntamente com a mãe e o irmão; suas cores são cinza e branco.

Nanã

É o orixá feminino que simboliza a fase madura da vida. É excelente conselheira, experiente, sábia, cheia de bondade e piedosa. Tranqüila e caseira, é comparável a uma avó; por isso é sincretizada com Santa Ana. Como Iemanjá, é mãe devotada e interessada nos problemas dos filhos. Seu aspecto terrífico, porém, é o de Senhora das Almas, a mãe dos mortos. É uma "santa" das águas doces: quando há perigo ligado a elas, deve-se invocar seu nome e ela dará proteção imediata. Seu cuidado está na elevação do espírito e em sua regeneração. Prefere dar conselhos salutares, sendo difícil obter seus favores diretos; entretanto, é capaz de resolver as maiores dificuldades, decidindo com justiça causas aparentemente perdidas. Ela só atende, contudo, a pessoas nas quais veja mérito e habilidades especiais: não atende aos fracos, pusilânimes, volúveis nem hesitantes.

Costuma mostrar a aparência de uma velhinha séria, porém bondosa, trajada de azul e branco (no candomblé) ou roxo (na umbanda), com panos largos a lhe envolverem o corpo esguio. Seus olhos têm um brilho hipnótico que paralisa os que se atrevem a contemplá-la diretamente. É freqüente ser vista em sonhos pelos umbandistas que vão morrer. Entretanto, sua aparição pode indicar que alguém fez um feitiço mortal contra quem a vê — e que é preciso desmanchar a tempo a mandinga. Na umbanda, chefia uma legião de pretas-velhas (espíritos de ex-escravas) pertencente à Linha de Iemanjá. Seu dia é a terça-feira.

Ogum

É o orixá guerreiro, campeão da justiça e protetor dos fracos, o Vencedor das Demandas. Representa a coragem, a decisão, a vontade forte e dominadora. É um orixá benevolente, mas não perdoa os inescrupulosos e opressores. Seu metal é o ferro, que exibe em sua espada. Sua cor na umbanda é o vermelho; no candomblé é o azul-escuro. Protege os esportistas, os militares e todos os que trabalham com instrumentos de metal, como carpinteiros, caçadores, lavradores e açougueiros. Fala de riscos, aventuras, rixas e combates. É sincretizado com São Jorge (Sudeste e Sul) ou São Sebastião (Nordeste); por esse motivo seu traje na umbanda é a armadura prateada do guerreiro cristão. No candomblé, entretanto, usa trajes no estilo africano adornados com franjas de palha de dendezeiro. Na umbanda, chefia uma linha inteira formada por sete legiões de oguns, sendo que cada uma delas é ligada a uma das outras linhas. Assim, existem oguns ligados a matas, águas doces e salgadas, cemitérios, ruas, pretos-velhos e santos. Seu dia é a terça-feira (na umbanda) ou a quinta-feira (no candomblé).

Xangô

Esse orixá se caracteriza pela extrema bondade, retidão e justiça, ajudando e favorecendo seus fiéis, mas punindo os desonestos, desleais e pérfidos; por isso é considerado o Advogado dos Pobres. Protege os ativos e trabalhadores, sendo justo e compassivo ao mesmo tempo. É grande amigo dos simples e dos pobres que trabalham com afinco; também favorece as finanças e os negócios em geral. Propicia o estudo das artes ocultas, sendo especialmente atraídas as suas influências por aqueles que seguem um caminho de alta espiritualidade, no misticismo puro. As chamadas pedras-de-raio ou pedras-de-fogo (pederneiras) constituem excelentes talismãs de Xangô. Xangô Aganju é sincretizado com São José, e Agodô, com São Jerônimo ou São Pedro. Na umbanda é chefe de uma linha que reúne caboclos e pretos-velhos que moram nas pedreiras. Suas cores no candomblé são o vermelho e o branco; na umbanda, o marrom. Seu dia é a quarta-feira.

Iansã

É moça volúvel, mexeriqueira e leviana. Também conhecida como Oiá, é uma das três esposas lendárias de Xangô; as outras são Oxum e Obá. Representa mais a amante que a esposa; compraz-se em diversões, folguedos e danças. Por sua instabilidade, participa da natureza de Ibeji e da Pomba-gira: seus favores são incertos. Entretanto, seu auxílio é poderoso e pode-se contar com ela. Na mitologia, tem o governo dos ventos e tempestades, e é mulher de Xangô. No jogo dos búzios prenuncia amores suspeitos e os patrocina simbolicamente. Todos temem seu eruexim, que é uma espécie de açoite de pêlos de cauda de cavalo. Iansã é vista pelos seus filhos terrenos sob a forma de uma linda moça sorridente, de olhos brilhantes e expressivos, com enorme cabeleira negra encimada por uma coroa adornada com fileiras de pérolas que lhe mascaram a face. Usa um manto branco, com partes vermelhas e outras amarelas. Ela costuma apresentar-se armada, portando espadim, mas sem escudo. Seu metal é o cobre e seu dia é a quarta-feira. Tem natureza amorosa e pendor para festas e reuniões alegres, onde haja homens e mulheres reunidos com intenções eróticas. É sincretizada com Santa Bárbara. Na umbanda chefia uma legião de caboclas pertencente à Linha de Xangô.

Obá

Uma das três mulheres lendárias de Xangô, é de índole temperamental e extremamente exigente. Os videntes que tiveram ensejo de conhecê-la ensinam que Obá se apresenta armada com espada e escudo, emblemas que não podem faltar em seus talismãs. O escudo é de cobre polido, o que a vincula a Xangô, de quem é a regência desse metal. É sincretizada com Santa Joana d'Arc e promove a justiça; seu dia é a quarta-feira. Não costuma ser cultuada na umbanda.

Oxóssi

Combina as qualidades de Ogum com as de Omolu quanto aos melhores aspectos de ambos. É um pensador taciturno, amigo dos estudiosos e esforçados, daqueles que amam as pesquisas e as inovações úteis. Protetor da flora e da fauna, favorece os caçadores, mas é contrário à ação destrutiva: admite que se mate o leopardo em caso de defesa de um risco real, quando o há, mas não por sua pele ou para conquistar a glória de caçador. Oxóssi é também chamado Inlê, Ibulama e Agué. Na umbanda é o Rei das Matas e chefe do Povo das Matas (caboclos, sertanejos e povos indígenas de diversas nações) que forma a Linha de Oxóssi. É sincretizado no Sul e Sudeste com São Sebastião e, no Nordeste, com São Jorge. É considerado protetor contra doenças epidêmicas, violências e fome. É benevolente, mas não perdoa: os que erram serão punidos, mesmo que com atraso. Seu dia é a quinta-feira e sua cor é o verde ou o azul-esverdeado.

Ossaim

Originalmente essa divindade era um orixá masculino, dono da força mágica das plantas; e assim continua sendo considerado no candomblé. Ossaim propicia a cura de doenças e permite o uso mágico e medicinal das plantas. Suas cores são o verde e o cor-de-rosa, e ele é às vezes sincretizado com São Benedito, sendo cultuado na quinta-feira juntamente com todas as outras entidades das matas. Na umbanda, o orixá transformou-se em Ossãe, divindade feminina, a Senhora das Folhas, ligada a Oxóssi. Sob esse aspecto lembra a Caipora dos povos indígenas, que certamente inspirou essa mudança, pois é também uma entidade protetora das matas e dos seres que nela vivem.

Oxumarê

É um orixá quase desconhecido na umbanda, sendo às vezes confundido com Oxum; mas nada tem a ver com a deusa dos rios. Filho de Nanã, Oxumarê é servo de Xangô e mensageiro dos deuses. É um orixá duplo: durante metade do ano é masculino e terrestre, sob a forma de uma serpente; na outra metade é feminino e celeste, na forma de arco-íris. Comanda a fecundidade de todos os seres e é dono da riqueza, da beleza, da juventude e da alegria. Também está ligado às mudanças de todos os tipos. Suas cores são as sete do arco-íris, ou somente verde e amarelo. É sincretizado com São Bartolomeu e seu dia é a quinta-feira.

Logunedê

Esse orixá, desconhecido na umbanda, e raro no candomblé, é filho de Oxóssi e Oxum, conservando características dos dois. Suas cores são o azul e o amarelo; seus instrumentos são o arco-e-flecha e o abano. É muito jovem e alegre, representando a beleza do adolescente. Durante metade do ano é masculino e vive nas matas como caçador; na outra metade é feminino e vive nos rios como ninfa. Seu dia é a quinta-feira e é sincretizado com Santo Expedito.

Oxalá

O Grande Pai criador une a severidade e o rigor da idade madura, dos muito vividos, à imparcialidade, senso de retidão e justiça. Não poupa os falsos, pérfidos, desleais e desonestos. Os umbandistas reconheceram também uma Trindade nos cultos afro-brasileiros: Olórum (o Zâmbi ou Zambiapongo dos bantos) é o Pai, a divindade principal, o senhor máximo dos céus, que simboliza a Bondade e o Todo Perfeito e que tem os maiores poderes. Oxalá, que o sincretismo identificou entre nós com Jesus Cristo, simboliza o Filho. Ifá ou Orumilá, o deus dos vaticínios e das profecias, é o Espírito Santo. Oxalá também se chama Obatalá, Olórum, Olodumaré, Segbo, Dadá, Lissa, Mavu e Oxalufã. Esse último nome refere-se a seu aspecto mais venerável, com idade avançada, sincretizado com o Senhor do Bonfim, em oposição à sua figura jovem, que é Oxaguiã, sincretizado com o Menino Jesus. Na umbanda, Oxalá é considerado o chefe supremo de todas as linhas, ou como o cabeça da Linha dos Santos, que reúne santos católicos e crianças. Seu dia no candomblé é a sexta-feira e, na umbanda, o domingo.

Iemanjá

É a Grande Mãe e a Rainha do Mar. Sua natureza é meiga, suave e pacífica. Pode ser considerada a mulher ideal, amiga, dedicada e afetuosa, ao mesmo tempo severa e compreensiva; como esposa é romântica; na condição de mãe é bondosa, favorecendo seus filhos e perdoando-lhes as faltas. Os videntes a vêem vestida de azul-claro e branco, com adereços de prata e contas transparentes. Segura um abebé (abano) de metal branco com a imagem de uma sereia. É sincretizada com Nossa Senhora das Candeias ou Nossa Senhora da Glória; auxilia os pescadores, marinheiros e todos que se dedicam a atividades relacionadas com o mar, além de proteger as mães e a vida familiar. Na umbanda, chefia o Povo das Águas que forma a Linha de Iemanjá; seu dia é o sábado.

Oxum

É uma das mais queridas e estimadas entre as "santas" da Umbanda, comparável a Nanã e Iemanjá, nas condições de esposa e mãe. Esclarece dificuldades e favorece os aflitos; entretanto, demonstra algo da leveza de Iansã e da malícia da Pomba-gira: simboliza vaidade, volubilidade; ama festas e reuniões; propicia ligações eróticas; a beleza física a atrai, sendo também um de seus atributos; não aprecia as prendas domésticas, tendo muito mais de mulher do que de dona-de-casa. Entretanto, protege as parturientes e os bebês. Também é a mãe do ouro. Manifesta-se como uma jovem e linda mulher vestida de amarelo e trazendo muitos ornamentos, pulseiras, anéis e cordões, além de um espelho em que se contempla vaidosamente. É sincretizada com Nossa Senhora da Conceição e geralmente sua ação aparece nos assuntos amorosos. Na umbanda chefia uma legião de sereias incluída na Linha de Iemanjá; por isso é cultuada no sábado.

Euá

Orixá feminino da chuva, é irmã gêmea de Oxumarê. Representa a beleza, a juventude e a cordialidade. Mas é uma guerreira; por isso, embora seja leal e alegre, também pode mostrar-se agressiva, malcriada e intrigante. Não é cultuada na umbanda nem fala pelos oráculos. No candomblé é cultuada no sábado, juntamente com as outras iabás (deusas das águas). Suas cores são o vermelho e o branco, e sua arma é o arpão. Às vezes é sincretizada com Nossa Senhora das Neves.

Ibeji

É originalmente um orixá duplo, associado aos irmãos gêmeos. Por esse motivo, é sincretizado com os santos gêmeos Cosme e Damião. Simboliza e protege as crianças, tanto na umbanda quanto no candomblé; entretanto, enquanto neste é um orixá, na primeira é a Ibeijada, vista às vezes como uma legião de espíritos infantis chefiada pelos dois santos-crianças e incluída na Linha de Santo (de Oxalá), e outras vezes como uma Linha independente. De natureza irrequieta, Ibeji pode exercer efeitos positivos ou negativos, sendo caprichoso e imprevisível. Por seu humor variável, tanto favorece quanto desfavorece; mas nele não há maldade intencional. Esse orixá favorece especialmente as uniões e a harmonia familiar. Suas cores são o vermelho e o verde, e seu dia é o domingo.

O JOGO DE BÚZIOS

NA TRADIÇÃO AFRICANA, O ORIXÁ QUE FALA ATRAVÉS DESSE JOGO, típico do candomblé, é Exu Lebá. Da seriedade da prática fala com eloqüência a circunstância de que poucos num terreiro têm o direito de manipular búzios, havendo seleção dos mais aptos e sua designação e aprovação pelos "chefes de cabeças" (pais-de-santo). Sem o seu assentimento, ninguém é autorizado a jogar. Devido à grande afinidade existente entre Exu e Oxum, somente os sacerdotes dessa orixá (os oloxuns) podem jogar os búzios.

OS BÚZIOS

Os búzios são conchas univalves (inteiriças, de formato aproximadamente cônico ou cilíndrico), de superfície lisa ou espiralada, pertencentes ao grupo dos moluscos gastrópodos (que têm sob o ventre um disco carnudo, semelhante a um pé alargado, sobre o qual se arrastam, como o caracol, a lesma e outros). Utilizam-se no jogo búzios cilíndricos e lisos, chamados "cauris", que têm uma abertura retilínea e de bordos serrilhados na face inferior, e uma saliência mais ou menos elíptica no dorso. Esses búzios existem em abundância no Brasil, mas os mais adequados ao jogo são os importados da África que, por esse motivo, podem alcançar alto preço.

BÚZIOS

fechado

aberto

A regra fundamental para a interpretação do jogo é a verificação, após a jogada, da ocorrência de búzios que tenham caído abertos ou fechados sobre o tabuleiro. Os búzios abertos são os que, no lançamento, ficam com a parte inferior (onde há a abertura natural da concha) para cima. Os fechados são o que caem na posição natural do molusco (se estivesse vivo e reptando), ou seja, com o dorso para cima. Embora às vezes os búzios sejam usados com o relevo do dorso cortado, o que cria desse lado da concha uma abertura artificial, essa posição (com o dorso, cortado ou não, para cima) será sempre considerada fechada. A posição fechada é considerada positiva, ativa, masculina e mais favorável. A inversa é considerada negativa, passiva e feminina.

Existem búzios masculinos e femininos, mas a distinção entre eles é difícil. Muitos identificam a diferença na conformação do dorso do búzio e nos entalhes das extremidades. Entretanto, muito poucos reconhecem com certeza a condição de macho ou fêmea nessas conchas.

A rigor, os búzios deveriam ser apanhados pelos próprios babalaôs (sacerdotes dedicados aos oráculos) nas praias, em dias e horários certos; entretanto, como isso raramente é possível, eles são em geral comprados nos estabelecimentos que comercializam artigos para os rituais de umbanda. Depois de devidamente preparado, cada cauri recebe o nome de um dos orixás. Os búzios ritualmente prontos ficam guardados em local próprio no terreiro, de preferência em um cesto de taquara, e só seu dono deve tocá-los.

O número de búzios que forma um conjunto para o jogo é variável. Embora raros, há babalaôs que jogam com dez ou vinte cauris; alguns sistemas empregam doze unidades; mas o sistema mais geralmente adotado utiliza dezesseis búzios.

MOTIVOS DE CONSULTA AOS BÚZIOS

É preciso haver um bom motivo para se consultarem os búzios. Não se pode tratar de curiosidade, nem mesmo científica, passatempo ou brincadeira; isto seria uma profanação do ato de zamburá.

As razões para a consulta são variáveis, mas uma delas é fundamental: a necessidade de manter disciplina, harmonia e boa ordem no terreiro. Ocorrendo alguma desavença entre adeptos ou filhos-de-santo, quem se crê ofendido, menosprezado, perplexo ou desorientado tem o direito de recorrer às sortes, para que sua situação se defina. Essa queixa ritual é feita com a máxima reverência, indo a pessoa diante do pai-de-santo e realizando o gesto conhecido como "bater cabeça" (que consiste em curvar-se até o chão, estando de joelhos ou deitado de bruços). Obedecida essa regra, o queixoso pode então dizer o que sente e pensa, sempre em termos respeitosos, talvez de coração pesado, mas com intenções honestas e sem espírito de rebeldia ou vingança, ciúmes ou inveja.

O chefe do terreiro, acatando a lei do culto, procura ajudar o filho ou filha-de-santo, buscando um conselho na interpretação das configurações dos búzios. Feito isso, torna-se capacitado a dar-lhe esclarecimentos, conselhos e decisões pertinentes ao caso. Além disso, costuma prescrever oferendas, despachos, banhos de descarga, defumadores e obrigações convenientes. Tendo havido ofensa, o responsável não se pode furtar a um pedido de desculpas e deve fazê-lo com honestidade e de boa mente.

Outros ensejos para o uso dos búzios são as consultas referentes a administração, iniciações e demais fatos relacionados ao terreiro, sobre os quais se deseje o pronunciamento dos orixás. Embora essas orientações possam ser dadas por entidades manifestadas, os chefes de culto têm o costume de tomar decisões depois de ouvirem a fala dos búzios.

Além dessas situações, se alguma pessoa, entre os adeptos ou visitas, vai à procura do babalaô ou de outra pessoa autorizada a jogar, solicitando as sortes, por princípio de caridade, o pedido não deve ser recusado – desde que a ocasião seja propícia, visto que nem sempre o é.

Os temas geralmente dizem respeito a questões de família, finanças, saúde, amores, negócios, viagens e propriedades. Entretanto, pode haver surpresas, descobrindo-se segredos por meio dos búzios ou ventilando-se assuntos insuspeitados pelo consulente, não raro com precisão espantosa.

O RITUAL DO JOGO

Embora o rito do delogum seja às vezes abreviado, a prática ortodoxa exige ambiente favorável e a utilização de defumadores, ramos de arruda, água, velas acesas e outros acessórios ritualísticos. É necessário que o jogador (homem ou mulher) esteja limpo de corpo e de alma, procedendo com sinceridade e benevolência. Entre as proibições impostas às mães-de-santo estão as de jogar quando estiverem grávidas ou menstruadas. Tanto a homens quanto a mulheres recomenda-se que, no dia em que jogarem os búzios, tenham feito abstinência de carne, peixe e contato sexual. Devem, por conseguinte, estar avisados de antemão, ou prescrever um dia ou dois na semana para realizar as consultas.

Nem sempre é obrigatório que o adivinho esteja manifestado; todavia, esteja ou não, ele não deve dispensar a proteção ritual ao jogar. É por esse motivo que os búzios são jogados sobre uma toalha ou peneira cercada pelas guias de todos os orixás.

Faz parte do rito do jogo uma série de orações, que o jogador pronuncia na oportunidade em que lança as conchas divinatórias. No que se refere à atribuição de significado ao resultado do jogo, podem funcionar a telepatia, a intuição ou a atuação espiritual das entidades (orixás); ou todos esses fenômenos de maneira simultânea. A praxe é que o jogador não busque agir por si mesmo, mas concentrar-se e "receber o santo", para que este possa falar. Entretanto, a habilidade interpretativa é essencial ao adivinho, se ele não estiver manifestado.

A técnica do Zamburá

Nesse jogo consideram-se cinco fases rituais:
1. Número de conchas abertas e fechadas: tendo feito o lançamento, o adivinho irá encontrar um número variável de búzios abertos e fechados. Fazendo o jogo com dezesseis

conchas, podem ocorrer dezessete diferentes resultados, que vão desde todos os búzios abertos, até todos fechados. De modo geral, os búzios abertos são considerados negativos e os fechados, positivos.
2. Identificação do odu: os odus são as falas pelas quais se exprimem os orixás, cada um por meio de uma das dezessete configurações básicas dos búzios. Os nomes aqui apresentados, na ordem em que aparecem no texto, são os mais utilizados respectivamente no Sudeste e no Nordeste do Brasil.
3. Orixá falante: o orixá que fala em cada jogada, de acordo com o padrão formado pelas conchas no lançamento, tanto pode ser o manifestado no adivinho – admitindo-se que, nesse estado psíquico, a entidade guie a mão do médium –, quanto, não havendo manifestação, aquele a que esteja ligado o problema trazido pelo consulente. Nessa tarefa, um elemento importante é a intuição do adivinho, além de seus guias, que sempre colaboram quando percebem intenção honesta e sinceridade de propósitos.
4. Interpretação: a interpretação do jogo, nessa fase, é baseada nas qualidades dos orixás titulares das configurações das jogadas e nos agrupamentos formados pelos búzios.
5. Recomendação ritual: todo orixá deve receber a paga por seu trabalho para que o consulente tenha seu pedido atendido ou seu problema resolvido. O presente do "santo" assume invariavelmente a forma de obrigações que o consulente deverá estar disposto a cumprir. Ao fazer a interpretação da jogada, o adivinho indicará os preceitos que devem ser seguidos, as oferendas a serem feitas e todos os cuidados destinados a atrair a boa influência do orixá que fala pelo odu. Algumas regras devem ser seguidas em qualquer oferenda. Se for servida uma bebida, a garrafa deve ser aberta e parte do líquido colocada em um copo de vidro branco, sem uso. As velas serão acesas, devendo ficar dispostas de modo a não provocarem acidentes. Ao

entregar uma oferenda no mato, o ofertante deverá pedir licença a Ossaim, oferecendo-lhe uma vela branca antes de executar o ritual. Se a oferenda for feita junto a um rio, a licença será pedida a Oxum e, se for na praia, a Iemanjá. Ao dispor a oferenda de modo adequado, o consulente a entregará ao orixá que falou no jogo, fazendo-lhe o pedido que desejar.

ANÁLISE DAS JOGADAS DO DELOGUM

Primeira fase: os odus

Obedecendo às prescrições rituais, o adivinho, colocado diante do consulente, toma nas mãos os dezesseis cauris, agita-os durante alguns instantes e lança-os na toalha ou peneira ritual. Observa então os padrões constituídos pelas conchas, e seu primeiro interesse é verificar quantas aparecem abertas e quantas fechadas, pois isso determina as linhas mestras da adivinhação.

Jogada número 1:
Configuração: 16 búzios fechados.
  Odu: não há; a jogada é muda, sem "fala".
  Orixá falante: não há.
  Interpretação: não se definiu situação alguma em relação à consulta, portanto não há o que dizer. Mas o padrão indica que os projetos do consulente, embora ainda não definidos, estão sob influências de natureza positiva. Admite-se, por conseguinte, que as perspectivas venham a ser favoráveis.
  Recomendação ritual: repetir a jogada, para ver o possível resultado que terá a pretensão do consulente.

Jogada número 2:
Configuração: 16 búzios abertos.
 Odu: Outubê-Contã.
 Orixá falante: todos os orixás ou Orumilá (Senhor dos Oráculos).
 Interpretação: o ambiente é suspeito e a situação bastante incerta com respeito ao tema consultado. Mas a tendência é de vitória e materialização dos projetos, embora não sem dificuldades, desde que a pessoa interessada tenha fé nos seus guias e proceda com método e ordem, cercando-se da segurança indispensável. Os temas principais são: dinheiro, esperado ou inesperado; presentes, legados e outras vantagens financeiras; contatos de negócios ou viagens a eles relacionadas. As questões amorosas irão bem, mas mais no campo sexual que no afetivo, sendo as aventuras de curta duração, embora agradáveis.
 Recomendação ritual: como a resposta é pouco específica, é costume repetir a jogada. Durante três dias, que serão sábado, domingo e segunda-feira, o consulente deverá acender uma vela branca oferecida aos seus guias e um defumador de incenso e mirra em cuja fumaça passará a cabeça e os braços, para afastar os fluidos negativos. No sábado seguinte a esse período, após o banho comum, tomará um banho feito com pétalas de rosas e cravos brancos, pedindo proteção aos seus guias. Deverá vestir-se de branco, mas com simplicidade; e será conveniente que tenha em casa um animal de estimação completamente branco. Deverá também dar tanto mais esmolas quanto melhor se tornar sua situação financeira.

Jogada número 3:
Configuração: 15 búzios abertos e 1 fechado.
 Odu: Obê ou Orê-Babá-Bajá.
 Orixá falante: Obá.
 Interpretação: o tema é transição, com mudanças inesperadas, decisivas, nem sempre de natureza boa. Além disso, prenuncia separações, dificuldades, perseguições, injustiças, intrigas, dissa-

bores, disputas, lutas ferrenhas, ofensas, deslealdade e perfídia. No campo amoroso anuncia brigas, ciúmes injustificados, traições e calúnias. No setor financeiro, as perspectivas são medíocres; mas Obá é sinal de saúde vigorosa e alta capacidade de resistência. Nisso consiste o segredo da entidade. Seus aspectos nefastos representam um desafio: a pessoa tem de reagir e lutar até que passe a tempestade.

Recomendação ritual: durante três quartas-feiras seguidas, o consulente deverá tomar banhos de purificação: o primeiro no mar, o segundo em um rio cuja corrente seja pura e limpa, e o terceiro num regato calmo. Nessas ocasiões, deverá jogar na água flores brancas e vermelhas, de preferência cravos e dálias. Antes de sair de casa acenderá uma vela branca que ficará queimando até o fim; deverá defumar-se no peito e nos braços com aloés e benjoim, e usará um perfume discreto de especiarias. Ainda em uma terça-feira, em uma hora de Xangô (ver na seção sobre astrologia), deverá oferecer à orixá um guisado de quartos de cabrito, servido em uma tigela nova de cobre.

Jogada número 4:
Configuração: 14 búzios abertos e 2 fechados.
   Odu: Icá ou Oudom-Mirilê.
   Orixá falante: Ibeji.
   Interpretação: o jogo indica uma série de acontecimentos inesperados, tanto de boa quanto de má índole. Para uma mulher, poderá indicar gravidez próxima e até a vinda de filhos gêmeos. Entre contrariedades, ciúmes e deslealdades, haverá muitos momentos felizes e de prazer amoroso; lucros; amigos alegres e sinceros; notícias de parentes e pessoas queridas; festas, passeios e comemorações. Também é possível ganho em loteria, facilidade de obter empréstimos e excelentes legados. O conselho é que o consulente não desanime diante das adversidades, mas insista sempre.
   Recomendação ritual: num domingo, ao romper o dia, depois do banho normal, tome outro banho feito com água, canela e ar-

ruda. Queime um defumador feito com incenso, açúcar e raminhos de funcho. Entregue em um bosque uma oferenda constituída por balas e cocadas brancas e pretas, tudo enfeitado com um laço de fita branca e outro de fita cor-de-rosa, e duas garrafas de guaraná. Depois, presenteie algumas crianças, de preferência pobres, com doces e refrescos.

Jogada número 5:
Configuração: 13 búzios abertos e 3 fechados.
 Odu: Eji-Ologbom ou Etolá-Metalá.
 Orixá falante: Nanã.
 Interpretação: esta jogada pode ser uma advertência contra desgraças, caminhos perigosos, doenças gravíssimas, mortes e catástrofes. Também promete grandes mudanças, indicando passos decisivos na vida do consulente. Pode avisar sobre um feitiço feito contra o indivíduo, que deve tomar as medidas cabíveis para desmanchá-lo.
 Recomendação ritual: em duas terças-feiras seguidas, sempre à meia-noite, o consulente deverá tomar banho de fonte ou regato, lançando nas águas rosas brancas e fitas brancas e azuis, em quantidades ímpares. Em ambas as ocasiões, ao voltar para casa, o consulente acenderá tantas velas, brancas e azuis, quantas fitas lançou na água. Nos dias ímpares da semana que passará entre os banhos, acenderá um defumador com ervas de cheiro acre e forte. Varrerá também o quarto onde dorme com uma vassoura nova, que depois será oferecida a Nanã nas águas do regato ou fonte onde foram tomados os banhos, junto com uma porção de pipocas misturadas com sal grosso e terra escura, tudo posto em uma tigela virgem de barro não vitrificado. Deverão ser acesas duas velas azuis e uma branca diante dessa oferenda. Quem tiver posses suficientes poderá oferecer um quarto de carneiro cru, posto em uma tigela de barro não vidrada, e duas ou três galinhas brancas não muito novas; nesse caso, entretanto, o sacrifício deverá ser feito por um sacerdote habilitado.

Jogada número 6:
Configuração: 12 búzios abertos e 4 fechados.
　Odu: Ejila-Seborá ou Oulansã-La-Axê.
　Orixá falante: Oxóssi e Ossãe.
　Interpretação: a jogada prenuncia sérios obstáculos, sendo necessário ter vontade forte e muita esperança para não se deixar vencer. Seus planos estão sob ameaça. O consulente enfrentará astúcias e deslealdades mas, com fé e firmeza, quase como por milagre, livrar-se-á de seus males pois, por trás dessas circunstâncias difíceis, estendem-se mãos protetoras; e os que o estimam o auxiliarão em suas agruras. A posição financeira deve se consolidar e estarão favorecidas as atividades ligadas à agricultura, a transações com imóveis e similares. Nos amores, todavia, o consulente deverá ser prudente, pois mesmo as boas intenções podem prejudicar. Discrição será seu lema.
　Recomendação ritual: são prescritos três banhos de descarga feitos com folhas tenras de árvores, rosas brancas e vermelhas, cravos das mesmas cores e ramos de alecrim. Os banhos serão tomados em três quintas-feiras consecutivas, sempre ao pôr-do-sol. A cada dia serão acesas uma vela branca e outra vermelha. Durante todos os dias, entre o primeiro e o último banhos, o consulente deverá usar roupas brancas com uma peça vermelha e, na hora de dormir, acenderá um defumador feito com palma benta, caroba branca e bálsamo. Na quinta-feira depois do último banho, pouco antes da meia-noite, deverá entregar ao pé de uma árvore frondosa um frango branco assado com farofa, um pedaço de fumo-de-rolo e uma espiga de milho verde cozida. Tudo deverá estar dentro de uma cuia nova, envolta por uma fita branca, uma verde e outra vermelha.

Jogada número 7:
Configuração: 11 búzios abertos e 5 fechados.
　Odu: Ouvarim ou Orixaquê.
　Orixá falante: Iansã.

Interpretação: a configuração é maléfica por se tratar da fala de Iansã, orixá de ação tempestuosa, que manda os ventos e borrascas, num prenúncio de tristezas, rixas, discussões, inimizades e perseguições. O interessado deverá passar em revista os seus contatos suspeitos, antigos ou recentes, para fazer um balanço de seus desafetos, determinando quem lhe queira fazer algum mal, a fim de que não seja prejudicado por invejas, ódios ou ressentimentos alheios. A jogada é um alarme contra prejuízos, roubos e atos violentos, inclusive crimes e atentados. No campo financeiro são previstos obstáculos e atrasos, felizmente sem efeitos decisivos ou permanentes, pois esse temporal simbólico poderá cessar de repente. O orixá é volúvel e travesso, sendo propício a amores escandalosos, de curta duração, e afetos pouco profundos. O consulente não poderá desanimar nem ceder às tentações previstas: de seu esforço pessoal virá a felicidade. O consulente, ou uma pessoa próxima, poderá ser afetado em sua saúde caso tenha feito algo que ofenda Iansã: os que a desagradam são punidos com enfermidades da pele e dores musculares.

Recomendação ritual: o consulente deve tomar três banhos, utilizando flores vermelhas, brancas e amarelas, que sejam perfumadas, postas em infusão em água dentro de uma cabaça virgem. Os banhos serão tomados em três terças-feiras seguidas, sempre depois das seis horas da tarde, sendo auspicioso que o céu esteja nublado, que chova ou haja vento nesses dias, embora isso não seja essencial. Em cada um desses dias deverão ser acesas três velas, sendo uma branca, uma vermelha e outra amarela. Outra cabaça será usada para entregar um despacho num local onde haja rochas, água e mato, em outra terça-feira, antes da meia-noite ou em uma hora de Xangô (ver na parte sobre astrologia). A oferenda será uma porção de carne crua de cabra ou de um galo de penas vermelhas, que pode ser acompanhada por uma porção de quiabos fritos com camarão, um prato de angu e alguns acarajés.

Jogada número 8:

Configuração: 10 búzios abertos e 6 fechados.

Odu: Ofun ou Ossaturá-Bessá.

Orixá falante: Xangô Agodô.

Interpretação: uma das lições dadas por esse lanço é a necessidade imediata de definição de planos e projetos, para que tudo corra bem nos interesses do consulente. Do lado negativo, no entanto, é preciso ter cautela contra aplicações de dinheiro mal pensadas, precipitação em negócios e transações, intrigas, inimizades, falsidades, traições e aventuras amorosas levianas. Há risco de moléstias do aparelho respiratório e de males cardíacos. Anunciam-se ainda contratempos freqüentes, mas essa fase felizmente não será duradoura.

Recomendação ritual: a pessoa tomará uma série de banhos, às quartas-feiras, usando uma infusão de papoulas e cravos vermelhos com pó de canela, posta em uma vasilha de cobre, que é o metal do santo. No dia do primeiro banho acenderá uma vela branca; no segundo dia, uma vermelha e, no terceiro, uma marrom. Deverá também queimar um defumador feito de cravos secos e canela em pau, aceso em uma hora de Xangô (ver na parte sobre astrologia). Após tomar os banhos, o consulente deverá usar, pelo resto do dia, ao menos uma peça de roupa ou um acessório marrom. Nesses mesmos dias, ao cair da noite, deverá levar a uma pedreira um prato estanhado virgem, com acarajés e abarás, e outro igual com caranguejos cozidos ou um quarto de carneiro. Junto aos pratos colocará uma braçada de flores brancas e vermelhas, e fitas brancas, vermelhas e marrons. Pode ser oferecido também um machado novo de cobre, com gume duplo, próprio do santo. Se na ocasião houver tempestade seca, com descargas elétricas intensas, essa circunstância será altamente favorável à pessoa.

Jogada número 9:
Configuração: 9 búzios abertos e 7 fechados.
Odu: Ossá ou Exê-Obará.
Orixá falante: Xangô Aganju.
Interpretação: nesse lanço há algo de bom para os pacientes, esforçados, perseverantes e caridosos. A negatividade, mais fraca que na jogada anterior, refere-se principalmente a certos defeitos de caráter, como a obstinação e o orgulho, que dificultam o progresso espiritual. O consulente deverá examinar sua consciência, descobrindo suas faltas e defeitos a emendar; assim, Xangô ficará disposto a ajudá-lo. Há possibilidade de doenças passageiras e alguns contratempos e atrasos dos projetos financeiros. Há também risco de perigos: o consulente precisa acautelar-se contra vigaristas, exploradores, ladrões e assaltantes. O campo amoroso é incerto. Ciúmes ou afetos não correspondidos trarão preocupações. Se é conquistador, o consulente deve precaver-se contra surpresas e escândalos. Entretanto, um sorriso e palavras amáveis animam bastante, cortando antecipadamente perspectivas de uma situação nefasta e fluidos do mal (que se avolumam e que poderiam impelir os desafetos, invejosos ou ciumentos, à feitiçaria para atingir seus fins). É possível que o consulente esteja devendo alguma caridade, prometida ou tencionada. Os espíritos que trabalham na Linha de Xangô se incumbem de castigar os faltosos, da mesma forma como amparam os necessitados. O bom conselho é cumprir as promessas.

Recomendação ritual: durante três quartas-feiras seguidas, o consulente tomará banhos de descarga com infusão de manjericão, alecrim e violetas, podendo acrescentar cravos amarelos. Nessas ocasiões queimará um defumador de cravos amarelos, canela e alecrim com um pouco de mel ou açúcar mascavo (ou raspas de rapadura). Esse defumador deverá ser repetido por uma semana inteira, a partir do dia do primeiro banho. Em cada uma das quartas-feiras deverão ser acesas pelo menos três velas:

uma branca, outra marrom e uma vermelha. Após o terceiro banho, o consulente oferecerá ao santo um prato de acaçá, uma rabada com quiabos ou feijão-fradinho com camarões e quiabos. O prato será acompanhado por uma garrafa de cerveja preta (servida aberta) e posto em uma pedreira junto com charutos, fósforos, um lenço de seda vermelha, outro branco e outro marrom, e uma garrafa de azeite-de-dendê.

Jogada número 10:
Configuração: 8 búzios abertos e 8 fechados.
  Odu: Eji-Onilê ou Ogunilê.
  Orixá falante: Oxalá (Oxaguiã).
  Interpretação: este é um dos odus mais propícios, por seu excelente equilíbrio de forças. Seu tema é harmonia, paz e tranqüilidade. É o símbolo dos que ponderam e meditam, evitando precipitação em suas decisões e todos os atos da vida. Favorece os matemáticos, contadores, comerciantes, banqueiros e bancários, bem como a todos que se dedicam a finanças e negócios em geral. O consulente encontrará os caminhos abertos ou oposições fracas, que sua vontade logo dominará. Há risco de perigos decorrentes de fogo, água ou viagens; mas sua sorte os afastará. Sua vida familiar será tranqüila e harmoniosa; sua mesa será farta.
  Recomendação ritual: o consulente deverá tomar um banho em três domingos sucessivos, preparando cada um deles com seis lírios brancos e um girassol. No domingo seguinte, ao nascer do sol ou no início da tarde, deverá entregar no mato uma oferenda que consistirá de um quarto de cabra branca ou um pombo branco. A carne será colocada em uma tigela de alumínio virgem, sobre uma porção de arroz. Essa tigela será acompanhada por uma garrafa de mel, inhame ou aipim descascado, seis velas brancas e seis lírios brancos. O ofertante deverá vestir roupa branca, inclusive os sapatos. Ao voltar para casa, deverá acender um defumador de incenso, mirra e benjoim.

Jogada número 11:
Configuração: 7 búzios abertos e 9 fechados.
 Odu: Odi ou Ondicansã.
 Orixá falante: Oxalá (Oxalufã).
 Interpretação: o consulente tem forte proteção, mas está tentando viver adiante do seu tempo; por isso suas idéias podem não ser bem compreendidas. A tendência é de vitória, riqueza e satisfação; mas se os ganhos não forem acompanhados por elevação espiritual, serão inúteis para a evolução do consulente, que será submetido ao aprendizado pelo caminho mais difícil. Por isso esse odu anuncia a possibilidade de doenças.
 Recomendação ritual: o consulente deverá tomar banhos preparados com orquídeas e cravos brancos durante seis domingos seguidos, sempre ao amanhecer. Em cada uma dessas ocasiões, o consulente acenderá seis velas brancas e um defumador de incenso, mel e benjoim, em cuja fumaça passará um lenço branco que deverá trazer sempre consigo. No sétimo domingo deverá levar a uma clareira no mato uma oferenda composta por um guisado de pombos com arroz, posto em uma tigela de louça branca, acompanhada por um pote de mel, uma garrafa de cerveja branca, seis rosas brancas e uma vela branca. Enquanto estiver fazendo a obrigação, a pessoa deverá dar como esmola sete moedas por dia, durante todo o período; e deverá auxiliar qualquer pessoa idosa que encontre.

Jogada número 12:
Configuração: 6 búzios abertos e 10 fechados.
 Odu: Obará ou Obaraquê.
 Orixá falante: Oxalá.
 Interpretação: o consulente é muito capaz mas dispersivo, tendo dificuldade para dedicar-se com firmeza a uma única atividade em que possa prosperar. É hábil e dinâmico, mas está sujeito a calúnias e ataques por parte dos que o invejam e desejam derrubá-lo. Precisa aprender a distinguir os amigos sinceros dos hipócritas, pois tende a criar ligações de que mais tarde se

arrependerá. Também deve ser prudente em suas ligações amorosas. Convém escolher com muito cuidado seu par, buscando harmonia nos planos físico, intelectual e espiritual, para evitar frustrações e arrependimentos que criariam o desejo de buscar aventuras e destruiriam a harmonia familiar.

Recomendação ritual: por seis domingos seguidos, ao amanhecer, o consulente tomará um banho feito com cravos e rosas brancos e vermelhos, a que se adicionará pó de incenso. Nessas ocasiões acenderá uma vela branca e outra vermelha. Depois de tomar cada banho fará uma oferenda de pombos brancos crus (degolados no momento da entrega com uma faca virgem), junto com uma garrafa de vinho tinto e um ramo de lírios, cravos e rosas vermelhos e brancos. Essa oferenda será entregue em um local onde haja relva, árvores e água corrente, e o consulente deverá estar vestindo roupas brancas com uma peça vermelha. Ao chegar em casa, o ofertante queimará um defumador de alecrim, incenso e mirra.

Jogada número 13:
Configuração: 5 búzios abertos e 11 fechados.
  Odu: Oxé ou Axeturá.
  Orixá falante: Oxum.
  Interpretação: a sorte revela vontade firme e desejo de vencer, mas também revela vaidade, amor a festas e volubilidade. Oxum propicia a dedicação às artes e favorece a elegância, as boas maneiras e a afabilidade, inspirando bom gosto e refinamento de espírito.
  Essa influência leva as pessoas a sobressaírem; e, de fato, elas são inteligentes, não raro brilhantes, demonstrando certas singularidades. Além disso, embora parcimonioso nos gastos, o indivíduo, por vezes, é dado a prodigalidades por mera ostentação, e sempre com um objetivo utilitário: lucros, fama ou atração de alguém do sexo oposto. Embora seja engenhoso, tenha espírito independente e capacidade de liderança, o consulente é romântico e sonha com planos que não realiza. Como sua in-

tuição o salva de perigos e embaraços, tende a ser irresponsável e leviano. Embora ame seu cônjuge, poderá buscar aventuras por desejar novas conquistas e prazeres; e poderá arrepender-se do casamento. Essa inconstância também aparece na carreira: a pessoa poderá perder boas oportunidades profissionais por não persistir em seus intentos. Se se firmar em um alvo, progredirá; do contrário, sua popularidade e carreira serão medíocres.

Recomendação ritual: por três sábados seguidos, em uma hora noturna de Oxum, o consulente tomará um banho feito com essências de rosas, verbena e almíscar, misturadas com água de chuva. Será conveniente que o primeiro ou o último desses banhos seja tomado durante a Lua Cheia. Ao preparar o ritual, a pessoa deverá acender velas amarelas e defumador de almíscar, benjoim, mirra, erva-doce ou alecrim. Depois dos banhos, o consulente deve entregar junto a uma cachoeira uma oferenda composta de um guisado de cabra ou galinha, roletes de cana e flores brancas e amarelas enfeitadas com sete fitas dessas mesmas cores. O ofertante pode usar um talismã na forma do abebé de Oxum, que é um abano de ouro ou de latão, e jóias de ouro ou bijuterias douradas.

Jogada número 14:
Configuração: 4 búzios abertos e 12 fechados.
 Odu: Irossum ou Ajê-Miralá-Ajê.
 Orixá falante: Iemanjá.
 Interpretação: essa jogada caracteriza pessoas hesitantes ou irresolutas, demasiado sonhadoras, de vida mental intensa, faltando-lhes porém o senso prático para se realizarem. Comovem-se com facilidade, mostrando-se tímidas e impacientes. Fazem muitos projetos, dispersando suas energias, e mentalizam em excesso, enfraquecendo seu poder de concentração. Aconselha-se que cuidem de um plano de cada vez, persistindo nele, se quiserem alcançar o êxito a que têm direito. Prestativo e útil, o indivíduo confia demais em quem não o merece, podendo esperar traições, logros, deslealdades e amores não correspondidos. Quando se

torna excessivamente sentimental, deixa-se levar pelos ciúmes, o que causa grandes dissabores. Entretanto, tem amizades sinceras, honestas e dedicadas, e seu cultivo traria vantagens morais e materiais.

Recomendação ritual: durante três sábados seguidos, sendo um deles de Lua Cheia, numa das horas noturnas de Iemanjá, o consulente deverá tomar banhos de mar; se isso não for possível, poderá tomar os banhos em casa, usando água comum com sal grosso. Depois de cada banho salgado, deverá ser tomado outro de água doce com rosas e cravos brancos. Ao executar o ritual, o consulente deverá queimar um defumador de incenso e aloés, e acender uma vela branca e outra azul. Em outro domingo de Lua Cheia, à noite, o consulente deverá preparar uma oferenda, pondo em uma tigela de vidro incolor ou de metal prateado uma porção de arroz cru, duas pombas brancas também cruas e nove conchas brancas (de qualquer feitio) ou uma estrela-do-mar. Essa tigela pode ser acompanhada por um prato de cocadas brancas, adereços de prata ou cristal e um ramo de rosas e cravos brancos que serão jogados na água. A oferenda será entregue na praia ou, se a pessoa morar no interior, na beira de um rio onde haja areia, sendo posta ao lado de uma tigela cheia de água com sal. O consulente poderá usar como talismã uma concha de madrepérola ou uma pérola presa a um cordão de prata.

Jogada número 15:
Configuração: 3 búzios abertos e 13 fechados.
   Odu: Eta-Ogundá ou Ogundá-Massá.
   Orixá falante: Ogum.
   Interpretação: este odu indica que o consulente é excessivamente exuberante, agressivo e precipitado. Tem muita energia mas age de modo apressado, sem amadurecer os projetos e sem esperar as oportunidades certas. Essa tendência põe em perigo a realização dos planos. A jogada diz que nesse momento o consu-

lente não deve voltar atrás. Deve persistir em seu intento, aproveitando a oportunidade com firmeza, mas com cuidado para não se desviar do caminho certo e encarar discussões e desentendimentos. O consulente corre o risco de ser vítima da própria generosidade e boa-fé, tendo seus projetos prejudicados pela deslealdade e inveja de concorrentes. Entretanto, se tiver razão, conseguirá vencê-los. No campo da saúde, pode haver estresse, confusão mental, insônia e ansiedade. O quadro é aparentemente ruim, mas a fase é de transição para melhor.

Recomendação ritual: o consulente deverá tomar cinco banhos, em cinco terças-feiras seguidas, na terceira ou na décima hora após nascer o Sol. Esse banho será feito com guiné, sal grosso e fumo-de-rolo. Ao tomar cada banho, o consulente deverá queimar um defumador com pimenta-do-reino, eufórbio, bdélio e enxofre, e acender cinco velas vermelhas. Também em uma terça-feira, em uma das horas citadas, o consulente entregará uma oferenda em um campo aberto, debaixo de uma árvore frondosa bem bonita. Essa oferenda consistirá em uma porção de pipocas e ervilhas postas em uma tigela de latão, sobre as quais é posto um galo, sacrificado na ocasião do ritual, sendo tudo regado com azeite-de-dendê. A comida é acompanhada por uma garrafa de cerveja clara, cinco fitas vermelhas e uma porção de limalha de ferro (ou uma faca de aço nova).

Jogada número 16:
Configuração: 2 búzios abertos e 14 fechados.
  Odu: Ejiocô ou Edinejê.
  Orixá falante: Omolu.
  Interpretação: a influência do orixá ligado aos mortos indica grandes perigos. O consulente é bondoso e generoso, mas costuma receber como paga a ingratidão; está cercado por inimigos poderosos que desejam frustrar seus planos. Está indeciso e encontra obstáculos no caminho, mas vencerá se for esforçado e persistente. Este odu anuncia doenças: são comuns os distúrbios

mentais e as enfermidades de pele, como dermatites e úlceras; há porém a esperança de que tudo seja passageiro. Também existe o risco de sofrimentos de amor provocados por intrigas de invejosos, ciúmes, separação ou pela descoberta de que a pessoa amada não é merecedora de seu afeto.

Recomendação ritual: o consulente deverá tomar três banhos de pétalas de rosas e cravos brancos e vermelhos postos em água dentro de uma cuia preta. Logo depois de cada um desses banhos, despejará sobre o corpo uma porção de pipocas ainda quentes, misturadas com sal grosso e postas em uma tigela clara. Esse ritual será realizado à meia-noite de três sextas-feiras seguidas, em um cemitério; é conveniente que o consulente seja acompanhado por um médium. O defumador queimado nesse ritual é feito com folhas de palmeira, enxofre, sal grosso e um pouco de pólvora; e devem ser acesas três velas, sendo uma branca, uma vermelha e outra preta. Nas três ocasiões, o consulente deverá entregar uma oferenda constituída por um bife cru de carne de porco, posto em um alguidar de barro não vitrificado, e riscar uma cruz no chão, junto ao alguidar.

Jogada número 17:
Configuração: 1 búzio aberto e 15 fechados.
  Odu: Ocarã ou Onicansã.
  Orixá falante: Exu ou Bombo-gira (mais conhecida como Pomba-gira).
  Interpretação: na natureza de Exu existem o bem e o mal; por isso o consulente deverá ter cuidado. Há previsão de aborrecimentos, intrigas, doenças, desastres, brigas, perturbações de todos os tipos e até mesmo risco de morte. É preciso acautelar-se contra inimigos e agir muito corretamente. Acima de tudo, não deve pedir aos santos a destruição de seus perseguidores porque Exu pode atender a esse pedido, mas o mal retornará a quem o enviou. Fazer oferendas aos seus guias, ter fé e perseverança são as chaves para superar as dificuldades.

Recomendação ritual: durante três dias seguidos, começando numa sexta-feira, o consulente deverá tomar banhos de descarga feitos com pau-d'alho, arruda, alecrim, sal grosso, enxofre e um pouco de pólvora. Esses banhos devem ser tomados apenas do pescoço para baixo, sem molhar a cabeça; e não devem ser coados antes do uso. As partes sólidas devem ser recolhidas, embrulhadas em um retalho de morim preto junto com uma das peças de roupa que a pessoa usava no momento em que foi feito o jogo de búzios, e entregues à meia-noite numa encruzilhada, junto com sete velas pretas. Também deve ser feita uma oferenda por três noites seguidas, começando na sexta-feira. Essa oferenda consistirá em uma cuia preta cheia de farofa com azeite-de-dendê, tendo um pedaço de carne de bode crua por cima; um galo preto sacrificado na ocasião; uma garrafa de cachaça; sete charutos que devem ser acesos, devendo-se soltar uma baforada da fumaça de cada um na direção de cada um dos quatro pontos cardeais; e sete velas bicolores (pretas e vermelhas). Após arriar a oferenda, o consulente deve retirar-se sem olhar para trás; chegando em casa, deve lavar a soleira da porta principal da casa com uma mistura de sal grosso, arruda, pólvora, enxofre e água de chuva; e passar em toda a casa, em móveis, roupas, moradores e até animais, um defumador de alho, incenso, mirra, enxofre e sal grosso. Deverá colocar embaixo da própria cama um copo virgem com água, uma pedrinha de enxofre, sal grosso e um ramo de arruda; e uma semana depois deverá repetir o jogo para verificar se a sorte melhorou.

Segunda fase: os agrupamentos

Os significados descritos anteriormente para as jogadas são os fundamentais. Entretanto, há inúmeras outras configurações baseadas nos agrupamentos formados pelos cauris e no número dos fechados e abertos. Não é necessário indicar, para cada uma das configurações descritas a seguir, a interpretação e as obrigações prescritas, pois isso dependerá do orixá que estiver falando. Para obter essa informação, o leitor poderá consultar os tópicos que descrevem as jogadas fundamentais.

Normas para a interpretação:
O primeiro passo é procurar identificar os grupos formados pelas conchas. A identificação desses grupos depende da avaliação da distância existente entre elas. Dois ou mais búzios que estejam muito próximos uns dos outros formarão um grupo; não pertencerão a esse grupo conchas isoladas, muito afastadas ou grupos que estiverem distantes. Essa avaliação depende totalmente da percepção do adivinho que, em caso de dúvida, deverá decidir com prudência entre as possibilidades encontradas, para não deturpar o resultado do jogo.

A distância relativa entre os búzios que formam um grupo indica a força da sua mensagem: quanto mais próximos estiverem entre si, maior será sua imantação, agravando os fatores negativos e reforçando os positivos. O inverso ocorrerá se os búzios estiverem relativamente dispersos dentro do grupo: isso enfraquecerá sua profecia.

O número de búzios que constituem cada grupo diz qual é o orixá que está falando. Se ocorrerem grupos com diferentes números de búzios, deve-se considerar a fala combinada dos orixás correspondentes. Dois búzios anunciam Xangô; três, Ogum; quatro, Oxóssi; cinco, Omolu; seis, Oxum; sete, Iansã; oito, Iemanjá; nove, Nanã; dez, Ibeji; onze, Exu; doze, Pomba-gira; treze, Ossãe; quatorze, Obá; quinze, Oxumarê; dezesseis, Oxalá. Enquanto estiver em fase de treinamento, é conveniente que o jogador consulte essa lista para não correr o risco de interpretar erradamente o jogo.

O número de grupos existentes com o mesmo número de búzios determina a força da fala do orixá, seguindo as mesmas indicações. Vários grupos com o mesmo número de búzios indicam uma fala forte de um único orixá. O orixá representado pelo maior número de grupos é o que domina o jogo; é ele que deverá receber as homenagens rituais, enquanto aos demais acendem-se velas seguidas de preces. Entretanto, se todos os orixás falam na jogada com a mesma força, devem ser igualmente homenageados.

Cada grupo encontrado dá direito a uma pergunta, feita pelo consulente, acerca de um assunto à sua escolha. Se existir mais de um grupo com o mesmo número de búzios, o consulente escolherá qual grupo desejará que seja interpretado para ter a resposta de cada uma das perguntas.

A maior proporção de búzios fechados ou abertos dentro de um grupo indicará se a resposta do orixá é respectivamente positiva ou negativa. A aplicação desse princípio geral à pergunta específica do consulente dependerá da sabedoria e intuição do adivinho.

O caminho de interpretação indicado pelos búzios que exercem influência secundária sobre o principal orixá falante depende de quem são os orixás que falam por eles. Por exemplo, Iansã e Oxum indicam assuntos amorosos; Iemanjá, questões familiares e afetos sem conotação sexual. Ogum fala sobre a capacidade de tomar decisões e de agir, enquanto Xangô e Oxóssi indicam firmeza de propósito ou dúvidas, conforme sejam positivos ou negativos.

Um búzio isolado representa o consulente. Se houver duas ou mais conchas dispersas, a mais distante representará o consulente e as excedentes indicam que ele tem uma ou mais companhias, que podem ser pessoas fisicamente próximas dele ou que pensam nele constantemente, de forma positiva ou negativa; isso será indicado pela posição desses búzios.

Os búzios isolados que estiverem perto de um grupo representarão companhias relacionadas com o tema do orixá que fala por esse grupo. Se os búzios isolados forem muitos, será mais provável que representem obstáculos no caminho do consulente; as áreas da vida onde ocorrem esses obstáculos serão determinadas pelos temas dos orixás falantes e pelos grupos mais próximos desses búzios.

Exemplos de agrupamentos:
1. Três grupos de cinco búzios e mais um isolado – falam Ogum e Omolu, com influência de Oxalá sobre o búzio que indica o consulente.
2. Três grupos de três cauris, um de cinco e duas conchas isoladas – falam Ogum e Omolu. As conchas isoladas indicam que o consulente está ligado a alguém do sexo oposto.
3. Quatro grupos de quatro cauris – fala só Oxóssi.
4. Quatro grupos de três cauris e quatro conchas isoladas – fala Ogum com mais força e Oxóssi com força menor. Das conchas isoladas, a mais afastada representa o consulente. Se a posição for positiva (fechada) indica firmeza de propósitos; se negativa (aberta), hesitação. As outras três conchas se referem a pessoas de seu ambiente, sendo boas as suas influências se estiverem em posição positiva, e más, se negativa.
5. Quatro grupos de três conchas e um de quatro – falam Ogum e Oxóssi. Se todas as conchas do grupo de quatro estiverem fechadas, o bom augúrio pode contrabalançar uma resposta desfavorável dada pelos grupos de Ogum.
6. Quatro grupos de três búzios e um de dois – Ogum predomina, com Oxóssi e Xangô em menor proporção. As duas conchas isoladas representam o consulente e outra pessoa. Se uma delas estiver aberta e outra fechada, isso indica influência de pessoa do sexo oposto.
7. Cinco grupos de três búzios – Ogum fala com muita força, mas com influência de Omolu. A concha isolada é o consulente; sua posição indica presságio positivo ou negativo.
8. Oito grupos de duas conchas – fala Xangô com influência de Iemanjá. A interpretação depende do número de búzios abertos e fechados.
9. Sete grupos de duas conchas – fala Xangô com Iansã. As duas conchas isoladas, se forem positivas, indicam pen-

samento resoluto, coragem e decisão; se forem negativas, contrariedade causada por pessoa do sexo oposto. Se uma for positiva e a outra negativa, hesitação e rumos incertos.

10. Seis grupos de duas conchas e um de quatro – fala Xangô com Oxum, tendo influência de Oxóssi.
11. Seis grupos de duas conchas, mais quatro búzios isolados – falam Xangô e Oxum. Se as conchas isoladas forem negativas, indicam intrigas e obstáculos.
12. Cinco grupos de dois búzios e um de seis – fala Xangô com influências de Omolu e Oxum.
13. Cinco grupos de dois búzios, um de cinco e uma concha isolada – falam Xangô e Omolu. A fala adicional de Omolu indica firmeza de pensamentos se for positiva ou hesitação se for negativa.
14. Cinco grupos de dois búzios, um grupo de quatro e dois búzios isolados – falam Xangô, Omolu e Oxóssi.
15. Cinco grupos de dois búzios e dois de três – fala Xangô com influência de Omolu e Ogum.
16. Cinco grupos de dois búzios, um de três e mais três conchas isoladas – falam Xangô, Omolu e Ogum. Se as conchas isoladas estiverem negativas, indicam hesitação.
17. Quatro grupos de dois búzios, mais um de cinco e um de três – falam Xangô, Oxóssi, Omolu e Ogum.
18. Quatro grupos de dois búzios, mais dois de quatro – falam Xangô e Oxóssi, sendo que este último está muito reforçado.
19. Quatro grupos de dois búzios, um de sete e um cauri isolado – falam Xangô e Oxóssi, com influência de Iansã. A concha isolada indica a reação do consulente.
20. Quatro grupos de dois búzios, um de seis e duas conchas isoladas – falam Xangô e Oxóssi, com influência de Oxum. Se as conchas isoladas estiveram ambas positivas, indicam concentração e firmeza de idéias. Se estiverem

ambas negativas, influência maléfica de alguém. Se uma estiver positiva e a outra negativa, sugerem companhia de pessoa do sexo oposto.
21. Quatro grupos de dois búzios e um grupo de oito – falam Xangô e Oxóssi, com fala adicional de Iemanjá.
22. Quatro grupos de dois búzios, um de cinco e outro de três – falam Xangô, Oxóssi, Omolu e Ogum. Os grupos dominantes serão os que tiverem maior número de conchas positivas.
23. Quatro grupos de dois búzios, um de quatro e outro de três, com um búzio isolado – falam Xangô, Oxóssi e Ogum. O predomínio de búzios positivos indica firmeza; se forem negativos, dúvidas.
24. Quatro grupos de dois búzios, mais dois grupos de três e duas conchas isoladas – falam Xangô, Oxóssi e Ogum. Há uma pessoa perto do consulente: se as duas conchas estiverem positivas, o relacionamento é bom; se estiverem negativas, a outra pessoa exercerá má influência.
25. Quatro grupos de dois búzios e um de três, estando os outros cinco búzios dispersos – falam Xangô, Oxóssi e Ogum. O grande número de conchas isoladas indica forte influência de outras pessoas nos planos do consulente; seu efeito dependerá do número de conchas positivas ou negativas.
26. Um grupo de quinze conchas e uma isolada – fala Oxumarê.
27. Um grupo de quatorze e outro de dois búzios – falam Obá e Xangô.
28. Um grupo de quatorze búzios e dois isolados – fala Obá. As conchas isoladas representam o consulente e uma pessoa do sexo oposto, se estiverem uma aberta e outra fechada; sorte, se estiverem ambas positivas; e dificuldades, se estiverem negativas.
29. Um grupo de treze e outro de três cauris – falam Oxóssi e Ogum, este muito forte.

30. Um grupo de treze conchas, outro de duas, e um búzio isolado – falam Oxóssi e Xangô. A concha isolada indicará o estado de espírito negativo ou positivo do consulente.
31. Um grupo de doze e outro de quatro conchas – Pomba-gira fala de amores e aventuras. Xangô ameniza sua influência e, quanto maior for o número total de conchas positivas, melhor será a situação.
32. Um grupo de doze conchas, outro de três e um cauri isolado – Pomba-gira e Oxum se reforçam falando de amor e de aventuras românticas. A concha isolada indica o estado atual do consulente.
33. Um grupo de doze e dois de duas conchas – Xangô está muito forte contrabalançando a Pomba-gira. Quanto menor for o número de conchas negativas no grupo grande, menor será o risco de problemas para o consulente.
34. Um grupo de onze cauris e outro de cinco – falam Exu e Omolu. Se houver forte predominância de búzios fechados (positivos), os caminhos estão abertos e o consulente está protegido; caso contrário, o presságio é bastante mau.
35. Um grupo de onze conchas e cinco búzios isolados – Exu fala e as conchas isoladas indicam para o consulente firmeza de ação ou influência excessiva vinda de fora (seja de amigos ou inimigos), conforme estejam positivas ou negativas.
36. Um grupo de onze e outro de três conchas, com dois búzios isolados – falam Exu e Ogum sobre os caminhos do consulente. Se os búzios isolados estiverem positivos, indicam companhias favoráveis; se estiverem negativos, elas são prejudiciais.
37. Um grupo de onze e outro de dois búzios, com três conchas isoladas – falam Exu (que pode indicar a existência de feitiço contra o consulente) e Xangô. As conchas isoladas representam as companhias do consulente.
38. Um grupo de onze conchas, um de três e outro de duas – falam Exu, Ogum e Xangô

39. Um grupo de onze conchas, dois de duas e um búzio isolado – fala Exu, com forte influência de Xangô.
40. Um grupo de dez e outro de seis conchas – falam Ibeji e Oxum. Os temas são ligação amorosa forte, amores levianos, aventuras, sexo e até uma gravidez indesejada, conforme predominem búzios positivos ou negativos.
41. Um grupo de dez e outro de cinco búzios, com uma concha isolada – falam Ibeji e Omolu, avisando sobre feitiço contra o consulente. Sua força dependerá do número de búzios positivos e negativos.
42. Um grupo de dez, um de quatro e um de dois búzios – falam Ibeji, Oxóssi e Xangô. Mesmo que predominem búzios negativos, o presságio não é mau.
43. Um grupo de dez búzios e dois de três – falam Ibeji e Ogum (este com muita força). Mesmo que predominem conchas negativas, o presságio é ótimo.
44. Um grupo de dez conchas, um de três e um de duas, com um búzio isolado – falam Ibeji, Ogum e Xangô. Mesmo que em algum orixá predomine um presságio negativo, no conjunto a situação tende a melhorar. O búzio isolado expressa a reação do consulente à situação.
45. Um grupo de dez conchas e outro de três, com três búzios isolados – falam Ibeji e Ogum. A pessoa tem a companhia constante de duas pessoas. O vaticínio geral é bom.
46. Um grupo de dez conchas e seis búzios isolados – fala Ibeji. Há muitos obstáculos no caminho do consulente, mas uma influência positiva atenua os males.
47. Um grupo de dez cauris e outro de dois, com quatro conchas isoladas – falam Ibeji e Xangô. O presságio geral é bom, mas haverá contratempos por interferência de terceiros.
48. Um grupo de dez e três de dois cauris – falam Ibeji e Xangô, dando um presságio muito positivo.
49. Um grupo de dez conchas e dois de duas, com dois búzios isolados – falam Ibeji e Xangô. O consulente tem uma

companhia, cujo significado será dado pelas polaridades das conchas.

50. Um grupo de nove e outro de sete conchas – falam Nanã e Iansã. Os dois orixás se equilibram, a menos que haja muita negatividade total. Se Nanã for mais positiva, o presságio é melhor.
51. Um grupo de nove conchas e sete búzios isolados – fala Nanã, que tem excelente influência, mas há muitos obstáculos no caminho do consulente.
52. Um grupo de nove conchas e outro de seis, com um búzio isolado – falam Nanã e Oxum. Excelente presságio para assuntos amorosos: melhor para casamento e vida familiar se Nanã for a mais positiva das duas; e para a sexualidade se for maior a positividade em Oxum.
53. Um grupo de nove, um de cinco e um de dois búzios – fala Nanã, complementada por Omolu e Xangô. A jogada sugere doenças, velhice, morte e redenção; o sentido dependerá das polaridades (geral e de cada grupo).
54. Um grupo de nove e outro de cinco búzios, com duas conchas isoladas – falam Nanã e Omolu. O consulente tem companhia e o jogo fala de dificuldades e doenças graves. O resultado dependerá das polaridades (geral e de cada grupo).
55. Um grupo de nove conchas, um de quatro e outro de três – falam Nanã, Oxóssi e Ogum. Há grande equilíbrio e o vaticínio é bom, dependendo das polaridades.
56. Um grupo de nove e dois de três conchas, com uma isolada – falam Nanã e Ogum (este bem expressivo), havendo harmonia entre eles. O búzio isolado indica dúvidas do consulente.
57. Um grupo de nove cauris, um de três e um de dois, com duas conchas isoladas – falam Nanã, Ogum e Xangô. Se as conchas isoladas forem de polaridades diferentes, indicam companhia de pessoa do sexo oposto fazendo feitiço sobre o consulente.

58. Um grupo de nove conchas e três de dois, com uma concha isolada – falam Nanã e Xangô (este bem expressivo).
59. Dois grupos de oito conchas – fala Iemanjá. O presságio será melhor se houver equilíbrio entre conchas negativas e positivas entre os dois grupos.
60. Um grupo de oito búzios e um de sete, com uma concha isolada – falam Iemanjá e Iansã sobre assunto amoroso, indicando um cônjuge ameaçado por rival.
61. Um grupo de oito búzios, um de seis e outro de dois – falam Iemanjá, Oxum e Xangô. Aventura amorosa com forte apelo sexual e possibilidade de riscos.
62. Um grupo de oito cauris, um de cinco e outro de três – falam Iemanjá, Omolu e Ogum, sugerindo tragédia com lutas, mortes e lamentações. Pode haver feitiço e proteção de Iemanjá e Ogum contra ele.
63. Um grupo de oito conchas, um de cinco e outro de duas, com um búzio isolado – falam Iemanjá, Omolu e Xangô a fim de iluminar o consulente.
64. Um grupo de oito cauris e outro de cinco, com três búzios isolados – falam Iemanjá e Omolu. Há feitiço feito pelas companhias do consulente.
65. Um grupo de oito búzios e outro de seis, com duas conchas isoladas – falam Iemanjá e Oxum. A felicidade de um casal corre risco.
66. Um grupo de oito búzios e dois de quatro – falam Iemanjá e Oxóssi (este muito expressivo) indicando equilíbrio de interesses.
67. Um grupo de oito cauris, um de quatro e um de três, com uma concha isolada – falam Iemanjá, Oxóssi e Ogum. Excelente presságio por causa da harmonia entre os orixás. A concha isolada indica a atitude do consulente.
68. Um grupo de oito conchas, um de quatro e dois de duas – falam Iemanjá, Oxóssi e Xangô (este mais expressivo).

69. Um grupo de oito búzios, um de quatro e outro de dois, com duas conchas isoladas – falam Iemanjá, Oxóssi e Xangô; o consulente tem companhia.
70. Um grupo de oito conchas e um de quatro, com quatro búzios isolados – falam Iemanjá e Oxóssi. Os presságios são bons, mas o consulente sofre grandes influências alheias.
71. Um grupo de oito e um de três cauris, com cinco búzios isolados – falam Iemanjá e Omolu. A situação é duvidosa, principalmente porque existem muitas companhias (influências externas).
72. Um grupo de sete búzios, um de cinco e um de quatro – falam Iansã, Omolu e Oxóssi, indicando existência de feitiço forte.
73. Um grupo de sete búzios, um de cinco e outro de três, com uma concha isolada – falam Iansã, Omolu e Ogum. O consulente está em situação difícil causada por feitiço.
74. Um grupo de sete búzios, um de cinco e dois de duas conchas – falam Iansã, Omolu e Xangô avisando contra feitiço de amor.
75. Um grupo de sete búzios, um de cinco e um de dois, com duas conchas isoladas – falam Iansã, Omolu e Xangô; e o consulente tem companhia. A jogada avisa sobre perigos, amores e intrigas.
76. Um grupo de sete búzios e um de cinco, com quatro conchas isoladas – falam Iansã e Omolu sobre amores, doenças e conflitos prováveis. Há muitas influências externas sobre o consulente.
77. Um grupo de sete conchas, um de seis e outro de três – falam Iansã, Oxum e Ogum. Possível romance envolvendo um militar e duas mulheres, uma delas volúvel.
78. Um grupo de sete conchas, um de seis e outro de duas, com um búzio isolado – falam Iansã, Oxum e Xangô sobre assunto amoroso com forte apelo sexual, mas com influência disciplinadora.

79. Um grupo de sete conchas e outro de seis, com três búzios isolados – falam Iansã e Oxum sobre tema amoroso, francamente ligado à sexualidade. As companhias são possíveis parceiros para o consulente.
80. Dois grupos de sete conchas e dois búzios isolados – Iansã fala com muita força de paixão ardente e sem controle.
81. Dois grupos de sete conchas e um de duas – Iansã fala fortemente, acompanhada por Xangô. O assunto é amor e sexo, com grandes tentações mas fortes escrúpulos.
82. Um grupo de sete búzios, um de quatro, um de três e um de dois – falam Iansã, Oxóssi, Ogum e Xangô. Excelentes presságios para os assuntos tratados.
83. Um grupo de sete búzios, um de quatro e um de três, com duas conchas isoladas – falam Iansã, Oxóssi e Xangô; o consulente tem companhia e está apreensivo por causa de leviandades amorosas.
84. Um grupo de sete cauris e três de três – falam Iansã e Ogum (este muito forte). A jogada adverte contra o assédio amoroso a uma pessoa compromissada; mas o consulente está protegido.
85. Um grupo de sete cauris, dois de três e um de dois, com um búzio isolado – falam Iansã, Ogum e Xangô. O consulente está perplexo por causa de laço amoroso muito voltado para o sexo, sem cuidar do lado afetivo.
86. Um grupo de sete búzios e dois de três, com três conchas isoladas – falam Iansã e Ogum; e o consulente tem companhia.
87. Um grupo de sete conchas e um de três, com seis cauris isolados – falam Iansã e Ogum. O consulente está sob forte ação de feitiço, tendo muitos obstáculos e intrigas em seu caminho.
88. Um grupo de sete conchas, um de três e três de duas – falam Iansã, Ogum e Xangô advertindo contra intrigas e feitiços.

89. Um grupo de sete conchas, um de três e dois de duas, com dois cauris isolados – falam Iansã, Ogum e Xangô; o consulente tem companhia.
90. Um grupo de sete conchas e quatro de duas, com uma concha isolada – falam Iansã e Xangô (este muito forte); e o consulente tem companhia. O jogo adverte para perigo na vida amorosa.
91. Dois grupos de seis conchas e um de três, com um cauri isolado – falam Oxum (muito forte) e Ogum sobre caso amoroso mais ligado a romance que a sexo. O búzio isolado fala da situação do consulente.
92. Dois grupos de seis búzios e um de quatro – falam Oxum (muito forte) e Oxóssi sobre romance.
93. Dois grupos de seis conchas e dois de duas – falam Oxum e Xangô, cada um com dois recados sobre a vida amorosa do consulente.
94. Um grupo de seis conchas e dois de cinco – falam Oxum e Omolu (este mais forte). Os temas são amores complicados por feitiços, doenças e morte.
95. Um grupo de seis búzios, um de cinco e outro de quatro, com um cauri isolado – falam Oxum, Omolu e Oxóssi. Se o búzio isolado estiver negativo, indica que ele está inquieto; segundo o conjunto, há boas razões para isso.
96. Um grupo de seis conchas, um de cinco, um de três e um de duas – falam Oxum, Omolu, Ogum e Xangô, anunciando disputas por amores, com o uso de feitiços. Ogum e Xangô contrabalançam os atritos entre Oxum e Omolu, nem sempre harmoniosos.
97. Um grupo de seis cauris, um de cinco e um de três, com dois búzios isolados – falam Oxum, Omolu e Ogum, estando o consulente acompanhado. Como Ogum está em minoria, o conjunto denota grande risco de atritos por amores.
98. Um grupo de seis búzios e outro de cinco, com cinco cauris isolados – falam Oxum e Omolu: a situação do consulente

está ruim, pois é vítima de feitiço e há muita intriga à sua volta.

99. Um grupo de seis conchas, um de cinco e dois de duas, com um búzio isolado – falam Oxum, Omolu e Xangô (este com dois recados). O búzio isolado indica que o consulente está preocupado.
100. Um grupo de seis conchas, outro de cinco e outro de duas, com três cauris isolados – falam Oxum, Omolu e Xangô. O consulente tem duas companhias.
101. Um grupo de seis búzios e dez conchas isoladas – fala Oxum. A situação não parece boa: o excesso de acompanhamento do consulente sugere muitos feitiços contra ele.
102. Um grupo de cinco peças e onze cauris isolados – fala Omolu. A situação é gravíssima, com muitos feitiços envolvidos. O que pode aliviar o presságio é uma forte presença de conchas positivas.
103. Dois grupos de seis conchas e um de duas, com duas conchas isoladas – falam Oxum e Xangô, e o consulente tem companhia. A situação é boa, especialmente se a pergunta se referir a assunto amoroso.
104. Dois grupos de cinco cauris e um de seis – falam Omolu (com muita força) e Oxum. Muitos perigos, contratempos, ameaças e feitiços.
105. Dois grupos de cinco búzios e seis conchas isoladas – fala Omolu com muita força. Situação ruim, presença de feitiço forte.
106. Dois grupos de cinco búzios, um de quatro e um de duas – falam Omolu (com muita força), Oxóssi e Xangô. O jogo indica feitiço forte, mas os dois últimos orixás atenuam a ameaça.
107. Dois grupos de cinco búzios e um de quatro, com dois cauris isolados – falam Omolu (muito forte) e Oxóssi. A situação é ruim, podendo estar ligada à companhia do consulente.

108. Dois grupos de cinco búzios e dois de três – falam Omolu e Ogum com a mesma força. A situação é ruim, mas não muito.
109. Dois grupos de cinco búzios e um de três, com três cauris isolados – falam Omolu (com força) e Ogum, indicando feitiço forte. O consulente tem duas companhias.
110. Dois grupos de cinco búzios, um de três e outro de dois, com um cauri isolado – Omolu fala com força, sendo moderado por Ogum e Xangô. O búzio isolado indica a situação do consulente.
111. Dois grupos de cinco cauris e dois de dois, com duas conchas isoladas – falam Omolu e Xangô com força igual, estando o consulente acompanhado. A situação é difícil, mas não muito perigosa.
112. Um grupo de cinco búzios, um de quatro, um de três e um de dois, com duas conchas isoladas – falam Omolu, Oxóssi, Ogum e Xangô com forças iguais. O consulente está acompanhado.
113. Três grupos de cinco búzios, com uma concha isolada – fala Omolu com força máxima, anunciando feitiços, dificuldades, doenças e tristezas.

O JOGO DE IFÁ

Entre os oráculos de origem africana, este é o revestido de maior segredo. O jogo é exclusivo dos babalaôs, que devem passar por uma longa iniciação até adquirirem o direito de jogar. Se alguns dados podem ser obtidos pelos de fora, os detalhes principais, como os significados mais profundos das configurações do jogo, são mistérios preservados sob o segredo de culto; a prova disso é a discordância encontrada entre vários autores que pesquisaram o oráculo. Por esse motivo, algumas das informações aqui apresentadas, como os nomes dos orixás que falam por meio dos odus, são conjecturas, embora com boa probabilidade de corresponderem à verdade.

MATERIAL DO JOGO

O material empregado no jogo de Ifá é o coquinho do dendezeiro (*Elaeis guineensis*), palmeira sagrada entre os povos da Costa da Guiné, que foi trazida pelos escravos para o Brasil e aqui se aclimatou.

O instrumento básico desse oráculo é o "opelê Ifá", o colar de Ifá. Este é formado por oito metades de coquinhos de dendezeiro presas ao longo de uma corrente metálica ou trança de palha. O opelê é acompanhado por uma peneira que, cercada pelas guias dos orixás, constitui o espaço sagrado em que será feito o jogo.

Um instrumento acessório é o "opanifá", um tabuleiro de madeira que, no momento do jogo, tem o fundo forrado com areia fina bem alisada, na qual o babalaô escreve os sinais correspondentes ao resultado da jogada.

TÉCNICA DO JOGO

Depois de fazer a oração do início do jogo, o babalaô formula a pergunta, segura o opelê pelas pontas soltas e o lança sobre a peneira. Observa então como caíram as suas peças e, se estiver usando o opanifá, desenha as linhas do código tradicional do jogo para cada caída: duas linhas para uma noz fechada (com o lado convexo da casca para cima) e uma linha para a aberta (com a concavidade, ou seja, a parte cortada, para cima). Mas o desenho não é indispensável; muitos babalaôs apenas identificam o odu e fazem sua interpretação.

Esses desenhos devem ser feitos de modo a indicar a série formada à direita e a que está à esquerda do jogador, sendo cada uma composta por quatro linhas simples ou duplas, dispostas em uma fila vertical. Cada um desses conjuntos corresponde a um odu, à fala de um orixá.

INTERPRETAÇÃO DAS JOGADAS

A interpretação dos odus depende do conhecimento da grande quantidade de histórias a eles relacionadas, e da capacidade de aplicá-las ao caso particular de cada consulente; por esse motivo o oráculo de Ifá é muito difícil, exigindo muita memória, intuição e inspiração.

Existem dezesseis odus-meji (principais ou básicos), que são as configurações possíveis de uma das metades do colar. Mas é quase impossível que os dois lados do colar caiam com a mesma configuração. Dessa forma, ao jogar, o babalaô poderá formar qualquer uma de 256 diferentes configurações possíveis (combinando os odus-meji dois a dois), cada uma correspondendo a uma diferente resposta dos orixás.

Nas descrições das várias configurações feitas a seguir, as posições das peças são citadas sempre de cima para baixo, na posição em que o colar é visto pelo jogador. Será apresentada apenas a descrição de um dos lados do colar, supondo que nos odus-meji o outro lado terá a mesma configuração.

Odu número 1

Nome: Ogbe-meji.
 Configuração: quatro peças abertas.
 Orixá falante: Oxaguiã.

Odu número 2

Nome: Oiecu-meji.
 Configuração: quatro peças fechadas.
 Orixá falante: Xangô.

Odu número 3

Nome: Iuori-meji.
Configuração: uma peça aberta, duas fechadas e uma aberta.
Orixá falante: Ogum.

Odu número 4

Nome: Ode-meji.
Configuração: uma peça fechada, duas abertas e uma fechada.
Orixá falante: Oxóssi.

Odu número 5

Nome: Irosun-meji.
Configuração: duas peças abertas e duas fechadas.
Orixá falante: Omolu.

Odu número 6

Nome: Duonrin-meji.
Configuração: duas peças fechadas e duas abertas.
Orixá falante: Oxum.

Odu número 7

Nome: Obara-meji.
Configuração: uma peça aberta e três fechadas.
Orixá falante: Iansã.

Odu número 8

Nome: Ocaran-meji.
 Configuração: uma peça fechada e três abertas.
 Orixá falante: Iemanjá.

Odu número 9

Nome: Oguda-meji.
 Configuração: três peças abertas e uma fechada.
 Orixá falante: Nanã.

Odu número 10

Nome: Osa-meji.
 Configuração: três peças fechadas e uma aberta.
 Orixá falante: Ibeji.

Odu número 11

Nome: Ica-meji.
 Configuração: uma peça fechada, uma aberta e duas fechadas.
 Orixá falante: Exu.

Odu número 12

Nome: Oturuson-meji.
 Configuração: duas peças fechadas, uma aberta e uma fechada.
 Orixá falante: Pomba-gira.

Odu número 13

Nome: Otura-meji.
 Configuração: uma peça aberta, uma fechada e duas abertas.
 Orixá falante: Ossãe.

Odu número 14

Nome: Irete-meji.
 Configuração: duas peças abertas, uma fechada e uma aberta.
 Orixá falante: Obá.

Odu número 15

Nome: Ose-meji.
 Configuração: uma peça aberta, uma fechada, uma aberta e uma fechada.
 Orixá falante: Oxumarê.

Odu número 16

Nome: Ofu-meji
 Configuração: uma peça fechada, uma aberta, uma fechada e uma aberta.
 Orixá falante: Oxalufã.

O JOGO DE OBI

O JOGO DE OBI É ADOTADO PELO CANDOMBLÉ PARA OBTER respostas imediatas em diversas situações rituais. Obi é o nome africano da noz-de-cola, o fruto da colateira (*Cola acuminata*), trazida pelos escravos e usada para diversas práticas rituais nas religiões afro-brasileiras. Uma dessas práticas é um método de adivinhação muito simples, que funciona em dois sistemas: quinário e decimal.

Os dois sistemas têm o mesmo fundamento: o obi divide-se naturalmente em quatro partes que, quando são jogadas, podem cair com a parte interna voltada para cima (abertos) ou com a externa nessa posição (fechados), e isso determina qual é a resposta. Nos dois métodos é usado um único obi dividido em seus quatro segmentos.

O MÉTODO QUINÁRIO

Nesse método, o adivinho leva em consideração somente a posição em que caem os quatro pedaços do obi. Esse método é uma consulta ritual preparatória para cerimônias relacionadas à iniciação religiosa: a determinação exata do orixá de um candidato, a avaliação da correção da cerimônia de feitura de cabeça de um filho ou filha-de-santo, a busca da aprovação dos orixás em relação a um ritual.

A técnica é muito simples: o pai-de-santo separa as partes do obi, faz as orações necessárias, formula a pergunta e joga as peças ao chão.

Interpretação

Podem ocorrer cinco respostas:
1. Alafiá – os quatro pedaços caem abertos. A resposta é "sim".
2. Etaua – três pedaços caem abertos e o último cai fechado. A resposta é "não".
3. Ejialaqueto – dois pedaços caem abertos e os outros dois fechados. A resposta é favorável, mas não é um "sim" definitivo.
4. Ocanran – um pedaço cai aberto e os outros três fechados. A resposta é desfavorável, embora não seja um "não" definitivo.
5. Oiácu – os quatro pedaços caem fechados. A resposta é completamente negativa, desastrosa.

O MÉTODO DECIMAL

Nesse sistema, mais empregado na África que no Brasil, duas das partes do obi são identificadas como masculinas e as outras duas como femininas. Dessa forma, podem ocorrer dez configurações:

1. Aje

Configuração – um pedaço feminino aberto e os demais fechados.
   Orixá – Xangô.
   Significado – prosperidade, bons negócios, riqueza.

2. Idara

Configuração – um pedaço masculino aberto e os demais fechados.
   Orixá – Oxalá.
   Significado – obstáculos superados facilmente, realização dos propósitos do consulente.

3. Ejire

Configuração – um pedaço masculino e um feminino abertos, e os outros fechados.
   Orixá – Oxum e Nanã.
   Significado – paz, amigos dedicados, companhia de pessoas honestas.

4. Acoaran

Configuração – os dois pedaços masculinos abertos e os femininos fechados.
   Orixá – Exu.
   Significado – perigos, dificuldades, brigas, crimes.

5. Ieie-oran

Configuração – os dois pedaços femininos abertos e os masculinos fechados.
   Orixá – Iansã.
   Significado – fraqueza de espírito, hesitação, dúvida, leviandade.

6. Aquita

Configuração – os dois pedaços masculinos e um feminino abertos; o restante fechado.
  Orixá – Iemanjá e Ogum.
  Significado – dificuldades e lutas que serão vencidas com sucesso.

7. Obita

Configuração – os dois pedaços femininos e um masculino abertos, o restante fechado.
  Orixá – Ibeji.
  Significado – situação neutra, sem perspectivas de melhora ou piora.

8. Ofuntabi

Configuração – os quatro pedaços estão abertos.
  Orixá – Oxóssi e Ossãe.
  Significado – harmonia, bem-estar, sucesso.

9. Odi-idimo

Configuração – os quatro pedaços estão fechados.
  Orixá – Iansã e Oxumarê.
  Significado – obstáculos e complicações, projetos bloqueados.

10. Não tem.

Configuração – os quatro pedaços se amontoam.
  Orixá – nenhum específico.
  Significado – confirmação de jogada feita anteriormente.

O JOGO DA ALOBAÇA

É O MAIS SIMPLES DE TODOS OS ORÁCULOS AFRO-BRASILEIROS, sendo realizado com uma simples cebola. É um método vantajoso, pois permite obter respostas rápidas e objetivas às perguntas dos consulentes. Seu nome (do árabe "al basala" = cebola) e o fato de ser praticado pelos haussás (sudaneses islamizados) são provas de sua origem árabe.

No Brasil, o jogo é consagrado a Oxóssi e realizado exclusivamente pelo babalorixá, sendo empregado no candomblé para verificar a concordância ou discordância dos orixás em relação aos procedimentos realizados ou a realizar nos rituais secretos da religião.

As exigências rituais são muitas. A principal é a proibição da participação a qualquer pessoa que não esteja limpa de corpo e espírito, como é o caso das mulheres menstruadas; aos curiosos e aos que tenham intentos malévolos. Também é contra as regras que alguém faça o jogo para si próprio.

O JOGO

O pai-de-santo costuma jogar em transe, podendo ou não estar manifestado, mas sempre tendo a presença próxima do orixá inspirador das respostas.

Imediatamente antes de jogar, o pai-de-santo dispõe no espaço sagrado uma cuia com água e um raminho de arruda ou algumas folhas de fumo, uma vela branca e um defumador. Para completar, abre um pano branco sobre o solo diante do altar. Feito isso, corta a cebola ao meio, usando uma faca virgem, e, depois de formular a pergunta, joga os dois pedaços sobre o pano e verifica sua posição. Considera-se que um pedaço caiu aberto se está com a parte reta (a superfície do corte) voltada para cima, e fechado se caiu com essa parte plana para baixo.

As respostas possíveis são as seguintes:
1. As duas metades caem abertas: a resposta é "sim".
2. As duas metades caem fechadas: a resposta é "não".
3. Uma parte cai aberta e a outra, fechada: a resposta é duvidosa e o jogo pode ser repetido, mas obrigatoriamente utilizando-se outra cebola com a qual o ritual será repetido desde o início.

As cebolas empregadas no oráculo não devem ser aproveitadas para a alimentação de humanos ou animais, pois isso traria malefícios. Elas devem ser entregues na mata, como oferendas para Oxóssi e Ossaim, devendo-se tomar o cuidado de cobri-las com folhas ou protegê-las de alguma outra forma contra a ação de animais.

A ASTROLOGIA

A ASTROLOGIA É UMA TÉCNICA DIVINATÓRIA BASEADA NA OBSERvação das posições dos astros no céu. Ela se baseia na antiga crença de que as estrelas e os planetas influenciam os acontecimentos coletivos e a vida dos indivíduos. Essa influência foi atribuída a diferentes causas. A explicação adotada pelo cristianismo medieval foi a de que nos astros viviam anjos que os governavam e que atuavam sobre o mundo material, imprimindo nele suas características. Segundo a doutrina astrológica, os corpos celestes moldam o corpo, a mente, o caráter, as tendências e disposições dos seres humanos por intermédio da ação de seus anjos regentes.

Os elementos celestes essenciais da astrologia são as constelações do Zodíaco e os componentes do Sistema Solar, conforme são vistos a partir da Terra. O Zodíaco é uma faixa imaginária desenhada no céu pelo percurso aparente do Sol e dos planetas.

Para efeito de localização dos corpos celestes, essa faixa é dividida pelos astrônomos em doze segmentos iguais, cada um dos quais recebe o nome da constelação nele localizada: estas são as constelações ou os signos do Zodíaco: Áries, Touro, Gêmeos, Câncer, Leão, Virgem, Libra, Escorpião, Sagitário, Capricórnio, Aquário e Peixes. Como o Sol, durante o período de um ano, percorre toda a circunferência do Zodíaco, sua posição é utilizada para efeito de contagem do tempo: a cada dia do ano corresponde um ponto específico de um dos signos. Esse ponto é o chamado signo solar do indivíduo que nasce nesse dia; ele define os aspectos fundamentais da interpretação astrológica.

Para a astrologia, cada signo é regido por um dos corpos do sistema solar. Estes são genericamente chamados de "planetas", mas incluem o Sol e a Lua que, no antigo sistema geocêntrico (que pensava ser a Terra o centro do mundo), eram vistos como grandes planetas com comportamento especial, responsáveis pelas luzes diurna e noturna. Os outros planetas da astrologia clássica são os cinco vistos a olho nu: Mercúrio, Vênus, Marte, Júpiter e Saturno. Durante o século XX, os astrólogos incluíram no sistema divinatório os planetas exteriores (Urano, Netuno e Plutão); mas sua influência é mais coletiva que sobre cada indivíduo separadamente. A posição de cada um dos planetas no dia e hora do nascimento de uma pessoa é determinada pela verificação do ponto do zodíaco que o referido planeta ocupava nesse momento. Todos esses dados, necessários para o desenho do mapa astrológico, são obtidos por meio de cálculos astronômicos ou pela consulta a tabelas denominadas Efemérides.

As distâncias entre os planetas, medidas em ângulo, também são importantes para a análise astrológica. Os "aspectos" são as distâncias consideradas mais importantes. Existem aspectos positivos, nos quais os planetas se reforçam, como o trígono (120); e os negativos, em que eles estão em tensão, como a oposição (180).

Como a astrologia leva em conta simultaneamente muitos elementos, é quase impossível que, em dois momentos, ocorra uma configuração celeste exatamente igual; isso torna o mapa natal completo uma descrição muito específica das tendências de um indivíduo.

ELEMENTOS E POLARIDADES DOS SIGNOS E DOS PLANETAS

Os signos são classificados de acordo com o elemento que caracteriza cada um, entre os quatro da filosofia antiga (ar, água, terra e fogo), e com sua polaridade masculina (positiva ou ativa) ou feminina (negativa ou passiva). A astrologia clássica identificou todo um conjunto de regras a respeito das relações entre os signos, baseado nessas características.

É sabido que os signos de fogo e ar se harmonizam entre si, o mesmo ocorrendo entre os signos de água e terra. Entretanto, fogo não combina com água e terra, o mesmo ocorrendo em relação ao ar; a terra, por sua vez, não combina com fogo e ar, e o mesmo acontece com a água. A polaridade masculina ou negativa também é importante. Os signos femininos se harmonizam entre si, o mesmo ocorrendo entre os masculinos; entretanto, signos de polaridades opostas estabelecem relações tensas.

A umbanda utiliza as mesmas correspondências, verificando quais são os orixás correspondentes a cada princípio astrológico. É importante observar que cada elemento é regido por um orixá que, por esse motivo, governa um grupo de signos, além de ter a regência particular de um deles. Assim, Ogum rege os signos de fogo; Oxum, os de água; Omolu, os de ar; e Xangô, os de terra.

Os planetas também se relacionam aos orixás. Dessa forma, de acordo com a umbanda, cada pessoa está submetida astrologicamente à influência de dois orixás diferentes (do signo e do planeta). Ao mesmo tempo, alguns orixás regem simultaneamente um grupo de signos, um signo e um planeta, o que lhes aumenta a potência astrológica.

Essas particularidades explicam simpatias e antipatias, e permitem fazer previsões a respeito de relações entre pessoas, especialmente nos campos afetivo e sexual. A observação das relações harmoniosas ou tensas entre signos e planetas também permite escolher os momentos mais adequados para tomar decisões, começar empreendimentos e até estabelecer relacionamentos, além de permitirem que o indivíduo se previna contra os riscos de acidentes e doenças típicos de cada período do ano, da semana e do dia, de acordo com seus orixás regentes. Essas características também devem ser levadas em conta no âmbito dos rituais umbandistas, uma vez que, quando há discórdia entre signos, os malefícios se fortalecem e é mais difícil realizar os bons augúrios.

CARACTERÍSTICAS DOS SIGNOS DO ZODÍACO

Áries

Período: 21.03 – 20.04
  Elemento: Fogo
  Polaridade: Masculino
  Regente: Marte
  Orixá: Ogum
  Influência sobre o corpo: Cabeça.
  Características do nativo: com muita energia mental, ambição, operosidade e capacidade de liderança, esse indivíduo dá o melhor de si quando está em cargo de chefia. É um amigo sincero e forte, com quem se pode contar. Tem amor à justiça e não tolera nem perdoa os desleais e mentirosos. É polido, atencioso e compreensivo, mas pode tornar-se irritadiço, inflexível e obstinado; quando se encoleriza, vai a extremos para fazer valer sua opinião. É corajoso e audaz, mas zanga-se com freqüência e perde o controle de si mesmo, envolvendo-se em brigas. Seu maior defeito é que, quanto mais instruído e experiente, mais pretensioso ele

é; por isso tem dificuldade para receber ordens e não aceita que alguém o sobrepuje, especialmente em sua especialidade. Tem inclinações filosóficas, mas sem sacrifício das pretensões materiais. Gosta de conforto, de um lar organizado e de uma família submissa e obediente. Pode sofrer decepções por causa da impaciência que dificulta a realização de seus planos. Entretanto, dedicando-se a um objetivo de acordo com suas características, pode alcançar posição de destaque na atividade profissional.

Touro

Período: 21.04 – 21.05
 Elemento: Terra
 Polaridade: Feminino
 Regente: Vênus
 Orixá: Xangô
 Influência sobre o corpo: Pescoço.
 Características do nativo: ativo e intrépido, com grande vitalidade e capacidade de trabalho, esse indivíduo luta firmemente por uma posição segura e quase sempre prospera na vida. O amor é uma das grandes finalidades da sua existência; nesse campo é romântico, aventureiro e idealista. Mas nos negócios e no trabalho é desconfiado, cauteloso e paciente, sabendo esperar as melhores oportunidades para delas tirar proveito. Prático e econômico, sabe aplicar cada centavo ganho. Mas não tem grandes ambições: busca a segurança material necessária para garantir o conforto e a boa vida que deseja ter. Confia muito nas próprias qualidades e habilidades, mantendo-se firme em suas convicções. Amável e prestativo, gosta de ensinar (pode ser um ótimo professor), mas irrita-se quando alguém despreza seus conselhos. Aparentemente calmo, está freqüentemente tenso por causa dos muitos projetos em que se envolve simultaneamente. Aprecia as artes, a espiritualidade, a natureza e as aventuras; pode dedicar-se a estudos profun-

dos, viagens, mistérios ou esportes. É vaidoso e muito preocupado com a aparência pessoal; mas, embora a mulher desse signo seja extremamente feminina, o homem tem uma forte masculinidade. Ambos são dotados de grande simpatia, são muito atraentes e costumam ter vários amores, às vezes simultaneamente. São exigentes quanto ao sexo e têm uma fecundidade acentuada.

Gêmeos

Período: 22.05 – 21.06
   Elemento: Ar
   Polaridade: Masculino
   Regente: Mercúrio
   Orixá: Ibeji
   Influência sobre o corpo: Braços.

Características do nativo: a principal é a versatilidade que o leva a interessar-se simultaneamente por diversas atividades sem se fixar em nenhum objetivo específico, embora seja hábil e criativo, com inclinações artísticas apreciáveis. Inconstante e mutável, suas opiniões são incertas e seus propósitos de curta duração. Ambicioso e gastador, a necessidade de economia é um de seus problemas. Ativo e trabalhador, progride facilmente na profissão, mas não costuma se fixar em um emprego, preferindo mudar de ambiente. Esperto, independente e com uma imaginação viva, gosta de discutir e disputar, mas fica contrariado quando alguém pretende dar-lhe conselhos ou criticá-lo. Entretanto, seu sorriso esconde os verdadeiros sentimentos e o faz passar por espirituoso e bem-humorado. Por isso é popular e faz amizades com facilidade, mas seleciona muito bem as pessoas a quem se liga verdadeiramente. Fútil, leviano e precipitado, costuma colocar-se em situações embaraçosas e quase sempre casa-se cedo e depois se arrepende, embora geralmente mantenha a ligação, pois não gosta de viver sozinho. Seus ciúmes manifestam-se em explosões freqüentes, das quais logo deseja ser perdoado.

Câncer

Período: 22.06 – 23.07
Elemento: Água
Polaridade: Feminino
Regente: Lua
Orixá: Oxum
Influência sobre o corpo: Peito.
Características do nativo: seu magnetismo atrai muitas pessoas; mas é desconfiado e sensível. Por isso tem muitas amizades superficiais e poucas profundas. Embora sua forte intuição faça com que sinta simpatias à primeira vista, pode ser facilmente influenciado pelas opiniões e conselhos de quem se mostre seu amigo, mas desilude-se e afasta-se se for ofendido. Conserva, porém, o afeto e sofre se não houver reconciliação. Versátil, romântico e dotado de grande imaginação, gosta de imaginar-se representando papéis semelhantes a personagens de romances. Aprecia viagens, aventuras, literatura e artes. Generoso e leal, gosta de ajudar o próximo e sua solidariedade é preciosa para seus amigos. Entretanto, pode prejudicar-se com isso, pois se preocupa excessivamente e sofre com as dores alheias como se fossem suas. Fixa-se desde cedo à família, embora sonhe com ambientes mais de acordo com suas fantasias. Suas paixões são fortes e duradouras. Isso pode tornar-se um problema, pois é facilmente arrastado a aventuras amorosas e pode ligar-se a uma pessoa com quem não tenha afinidade. Um de seus maiores riscos é perder-se em sua versatilidade, não obtendo satisfação material, moral ou espiritual.

Leão

Período: 24.07 – 23.08
Elemento: Fogo
Polaridade: Masculino

Regente: Sol
Orixá: Nanã
Influência sobre o corpo: Coração.
Características do nativo: suas principais qualidades são o espírito de liderança, o respeito pela ordem e a capacidade de organização. Cheio de energia que dificilmente consegue controlar, tende a ser tenso e precipitado, o que prejudica a realização de seus projetos. Irrita-se fortemente quando é contrariado, quando alguém manifesta impaciência em relação às suas ações ou tenta colocá-lo em posição subalterna; mas quem agir com diplomacia e astúcia poderá convencê-lo a mudar de opinião. Também se irrita com o servilismo, pois no fundo despreza os que considera seus inferiores. Honesto por orgulho, é sincero em suas amizades e condena a hipocrisia, principalmente daqueles que o bajulam. Tem bom aspecto físico, embora pareça ser mais velho do que realmente é. É ardente no amor, embora possa cansar-se rapidamente de um relacionamento. Atraente e conquistador, costuma deixar-se levar a aventuras, o que lhe cria problemas, pois não se preocupa em ser discreto, embora seja generoso no amor, não poupando esforços para agradar à pessoa amada. Tem talentos variados e uma grande criatividade que lhe garante sucesso profissional e enriquecimento. Gosta de atividades esportivas e sociais em que possa ser admirado. Sua inquietude pode ser amenizada por estudos, especialmente ligados a temas místicos que lhe interessam bastante, pois pode ser dotado de intuição, clarividência e magnetismo.

Virgem

Período: 24.08 – 23.09
 Elemento: Terra
 Polaridade: Feminino
 Regente: Mercúrio
 Orixá: Iansã

Influência sobre o corpo: Abdome e intestinos.

Características do nativo: é muito ativo, mas a impaciência o leva a atos precipitados dos quais se arrepende. Apesar disso, costuma atingir o sucesso e pode enriquecer graças à sua parcimônia. Sua simpatia faz com que mesmo os invejosos o estimem. Muito crítico, censura abertamente o que reprova e pode ser bastante cáustico, embora seus argumentos sejam corretos. É bom, sincero, generoso, atencioso e leal. Embora se ofenda com facilidade, perdoa também facilmente quando percebe sinceridade no oponente. Entretanto, detesta a deslealdade; é desconfiado e difícil de enganar. Por isso, quando rompe uma amizade ou um relacionamento, a reconciliação é impossível. Tem boa intuição e memória, e sabe aproveitar seu tempo, pois é criativo e hábil em trabalhos manuais. Gosta de ler e aprende com facilidade, mas somente se interessa por assuntos práticos. É sóbrio e não costuma se enfeitar. Parece mais jovem que sua idade real, o que o torna atraente; mas, embora seja romântico, é muito seletivo e demora a casar-se, preferindo a solidão a um mau relacionamento, pois é ciumento e não perdoa deslizes. É ardente no amor, mas muito discreto quanto à sua vida sexual. Gosta de passear, geralmente para fazer compras ou cumprir seus afazeres externos, mas é dedicado ao lar e à família, por quem se sacrifica; atormenta-se ao preocupar-se com problemas pequenos e até inexistentes.

Libra

Período: 24.09 – 23.10
  Elemento: Ar
  Polaridade: Masculino
  Regente: Vênus
  Orixá: Oxóssi
  Influência sobre o corpo: Rins e aparelho urinário.

Características do nativo: suas qualidades são simpatia, compaixão, idealismo, franqueza, dedicação, sensibilidade, decência e justiça. É amável e acessível, desde que seus princípios e opiniões sejam respeitados. Por sua generosidade, pode ser vítima de exploração por parte de amigos. Tem espírito requintado, apreciando bons livros, artes, ciências e sobretudo os belos cenários da natureza onde prefere viver. No entanto, tem poucas ambições e deseja apenas o suficiente para as necessidades de cada dia, podendo ser vítima de suas imprudências. Muito adaptável, tem uma postura aristocrática, mas aceita todo tipo de companhia e ambiente. É desorganizado e inconstante em seus propósitos, mas muito perseverante naquilo que lhe agrada mais particularmente. Tem períodos de inquietude em que anseia por viagens e aventuras em que haja alguma novidade. Apresenta tendências místicas, podendo ter intuições, precognições e clarividências espontâneas. Por isso pode ser um excelente médium ou religioso dedicado à contemplação. Simpático e atraente, é um pouco narcisista, mas comporta-se de modo discreto e modesto. Embora seja basicamente recatado e fiel, o homem desse signo não despreza as aventuras amorosas que se oferecem, embora sonhe com uma companheira idealizada; já a mulher é mais desconfiada e tende a ser solitária se não encontrar esse homem ideal.

Escorpião

Período: 24.10 – 22.11
 Elemento: Água
 Polaridade: Feminino
 Regente: Marte
 Orixá: Exu
 Influência sobre o corpo: Bexiga e genitais masculinos.
 Características do nativo: é honesto, leal e sensato, e tem grande senso de justiça. Entretanto, pode ser caprichoso, nervoso e irritá-

vel. Suas simpatias e antipatias são instintivas e imediatas. Muito sagaz, descobre imediatamente os pontos fundamentais dos temas que examina. Esse traço, junto com seu espírito crítico, o torna desconfiado e cauteloso. É discreto para falar e só diz o suficiente; mas sua franqueza chega a ser agressiva e, quando é ofendido, usa o sarcasmo como arma. Corajoso e positivo em suas opiniões, é aparentemente calmo, mas, se tiver seus direitos desrespeitados, enfrenta as contendas até as últimas conseqüências; não admite perder, especialmente bens ou dinheiro. Tem gostos modestos e não é muito ambicioso. É esforçado e persistente no trabalho, embora se mostre um pouco lento. As atividades em que tem melhor desempenho são o comércio e os trabalhos ligados a finanças e investimentos. Embora às vezes tenda para o ocultismo, é prático e materialista. Consolida cedo sua situação financeira, mas não deseja atingir uma posição de mando, embora se desempenhe bem da tarefa quando é necessário. Prefere as diversões mais simples, como a boa comida, a boa bebida e os jogos. Geralmente sabe evitar excessos, mas não abre mão desses prazeres. No amor é afetivo, paciente e bondoso, mas não tem impulsos românticos e é volúvel. Destaca-se pela sexualidade intensa.

Sagitário

Período: 23.11 – 22.12
    Elemento: Fogo
    Polaridade: Masculino
    Regente: Júpiter
    Orixá: Pomba-gira
    Influência sobre o corpo: Coxas e genitais femininos.
    Características do nativo: ambicioso e vaidoso, não recua diante de nenhum obstáculo para atingir suas metas e procura destacar-se em reuniões sociais, cultivando a amizade de pessoas influentes que possam ajudá-lo em seus projetos. É ajuda-

do nisso por suas características de determinação e disciplina e, embora pareça ser ocioso, produz bastante. É orgulhoso e não aceita restrições à sua liberdade de agir e pensar; por isso prefere profissões liberais ou negócios próprios, apesar dos riscos envolvidos. Embora possa ter problemas devido a esse desejo de independência e a suas palavras impensadas, não é rancoroso e prefere a harmonia e a concórdia. É franco, honesto e sincero; sua generosidade e sua caridade podem ser excessivas. Além do bom-senso e da perspicácia, apresenta forte intuição e até mesmo dons mediúnicos. No amor é afetuoso, romântico, alegre e ciumento (embora sem excessos). Sua sexualidade é intensa, o que às vezes dificulta principalmente à mulher desse signo encontrar um parceiro que atenda às suas necessidades.

Capricórnio

Período: 23.12 – 20.01
    Elemento: Terra
    Polaridade: Feminino
    Regente: Saturno
    Orixá: Oxalá
    Influência sobre o corpo: Joelhos.

Características do nativo: com índole meiga e paciente, é sentimental e sofre calado, com resignação. Seu defeito é a fixação a idéias e princípios antigos. Odeia mudanças e inovações. É conservador e se fundamenta em experiências passadas para fazer planos no presente. Não é muito astuto, mas é dotado de raciocínio lógico – e, por isso, tem boas idéias e as desenvolve bem. O bom senso e o espírito prático, aliados à obstinação, permitem que atinja seus objetivos com solidez, embora lentamente, pois demora a tomar decisões; entretanto, quando se fixa em um rumo, nada o faz desviar-se, nem mesmo grandes obstáculos. Essa força de vontade e seu espírito econômico fazem com que consiga enriquecer. Tem poucos amigos, mas bem escolhidos. É radical ao julgar as pessoas; quando gosta, aceita tudo; quando antipatiza, nada perdoa. Suas amizades são para toda a vida e as inimizades são irreconciliáveis. Não é muito feliz no amor. Pode encontrar dificuldade para encontrar um parceiro a seu gosto; por isso, é comum que se dedique à religião ou ao misticismo. Tem sorte no jogo e é bem-sucedido em todas as atividades ligadas à terra, como compra e venda de imóveis e agricultura.

Aquário

Período: 21.01 – 19.02
Elemento: Ar
Polaridade: Masculino
Regente: Saturno
Orixá: Omolu
Influência sobre o corpo: Pernas.

Características do nativo: pacato, esforçado, paciente, perseverante e dedicado a seus projetos e empreendimentos, além de leal e prestimoso em relação aos amigos. Aprecia filosofia, meditação e reflexão, com fins práticos ou espirituais. Não gosta de falar muito; tem um círculo de amizades pequeno, evita festas e diversões populares, e prefere conversas sérias. Tem ambições elevadas e ideais pioneiros que persegue com firmeza. Com grande capacidade de concentração, procura especializar-se, o que o ajuda a ter sucesso. É capaz de impor suas idéias aos outros pela convicção com que as defende, mas não aceita as idéias alheias. É um bom professor, mas um autodidata. Aprecia temas ligados ao psiquismo, à filosofia e ao misticismo, além de ter habilidade para a engenharia, comunicações, máquinas e construções. Seu progresso é limitado pela generosidade que lhe prejudica as finanças. É esperto, mas se distrai com freqüência, e nesses momentos é enganado por pessoas inescrupulosas. Responsável e corajoso, não aceita derrotas e luta com fé. É simples, franco, simpático e sério. Tolera e perdoa os erros, mas pode se irritar com os abusos. Discreto e reservado, tem comportamento tímido no amor. Costuma casar-se tarde, mas e dedica-se fielmente à família.

Peixes

Período: 20.02 – 20.03
 Elemento: Água
 Polaridade: Feminino
 Regente: Júpiter
 Orixá: Iemanjá
 Influência sobre o corpo: Pés
 Características do nativo: tem grande capacidade de trabalho e ambição moderada. Sofre na vida amorosa porque é muito romântico, escolhe mal por se iludir quanto às qualidades dos parceiros e por buscar pessoas existentes só em seus sonhos. Pode rejeitar quem o ama sinceramente e ligar-se a uma pessoa persuasiva. Com imaginação forte e grande criatividade, aprecia o prazer, a elegância, a limpeza e a ordem. Ama a natureza e é atraído pelos ambientes marinhos, embora também os tema, pois é afetado pelo poder magnético das águas. Também aprecia animais domésticos. Gosta de arte, poesia, romances, ocultismo e mistérios em geral. É dotado de forte mediunidade, prejudicada quando usa os cabelos curtos. Alterna períodos de alegria com momentos de melancolia; pode também ter crises de ressentimento por motivos insignificantes. Apegado à família, é bondoso, caridoso e altruísta, qualidades que pode levar a extremos prejudiciais ao seu bem-estar interior. Faz amizades facilmente, pois é dotado de grande simpatia; mas seus gostos aristocráticos o levam a selecionar os amigos. Desconfiado, não é enganado por lisonjas e esconde seus sentimentos por temer não ser correspondido. Suas doenças mais comuns são as alergias e os problemas dos aparelhos circulatório e respiratório.

CARACTERÍSTICAS DOS PLANETAS

Ao adaptar seu simbolismo à astrologia, a umbanda precisou enquadrar-se ao esquema tradicional que associa cada planeta a um dos dias da semana. Com isso, alguns orixás ficaram de fora, assim com ficam fora desse modelo os planetas do sistema solar descobertos no século XX (Urano, Netuno e Plutão).

Entretanto, da mesma forma como a astrologia moderna encontrou um significado para esses planetas, vendo-os como responsáveis por características gerais de toda uma geração, a umbanda incorporou orixás adicionais, fazendo-os corresponderem a dois desses planetas exteriores. Assim, Exu corresponde a Urano e exerce sua ação particularmente nos planos mentais e na aura dos viventes; e Iansã, associada a Netuno, age nas vibrações típicas do plano psíquico.

A seguir são apresentadas as correspondências atribuídas aos orixás, quando eles são associados aos sete planetas tradicionais. O conhecimento dessas correspondências é indispensável para a confecção de amuletos e talismãs, e para as invocações e mentalizações dos cerimoniais mágicos.

Sol

Orixá: Oxalá
  Estabelece aspectos com: Ogum, Xangô, Omolu, Iansã e Exu.
  Influência no corpo: Olho direito e coração.
  Dia da semana: Domingo.
  Locais consagrados: Palácios, montanhas, prados, lugares ensolarados, pomares, jardins e todos os pontos elevados, inclusive das casas.
  Minerais: Ouro, rubi, carbúnculo.
  Vegetais: Girassol, acácia, margarida, celidônia.
  Animais: Leão, cisne.

Influência sobre os signos:
Áries – energia, força de vontade, agressividade, independência e espírito de liderança. Saúde sólida. Tendências artísticas e literárias. Trabalhos científicos e viagens interessantes. Apego ao lar e à família.

Touro – ternura, afetividade, bondade, magnanimidade. Versatilidade bem orientada em um sentido prático e lucrativo. Pode alcançar posições importantes e obter propriedades e investimentos rendosos. Afetos sinceros, amizades dedicadas e família solidária.

Gêmeos – versatilidade exagerada, mas só um ou dois objetivos fundamentais e vantajosos. Grande capacidade de adaptação a ambientes hostis ou estranhos. Enriquecimento por sorte ou casamento. Mais de um casamento ou ligação estável. Prefere ocupações que exijam viagens.

Câncer – atração pelo prazer sexual. Dedicação extrema ao lar, cônjuge e filhos. Capacidade de liderança. Vida longa e útil, mas é necessário ter grande firmeza para vencer obstáculos criados por inimigos ocultos.

Leão – generosidade, altruísmo e amor à família contrabalançados por ambição, vaidade e autoritarismo. Irritabilidade, nervosismo e impaciência; alto risco de doenças cardíacas. Habilidades diversificadas e possibilidade de enriquecer por negócios ou casamento. União duradoura e feliz.

Virgem – espírito analítico, apego a minúcias sem importância. Talentos variados, especialmente no campo das artes. O casamento pode ser infeliz por sentimento de limitação da liberdade que leva à busca de aventuras amorosas.

Libra – imaginação fértil e romantismo exagerado. Decepções amorosas repetidas, com frustração sexual. Bom-senso para negócios, habilidade manual, grande atividade e conhecimentos variados. Dedicação ao lar e aos amigos.

Escorpião – energia e firmeza de caráter. Vida longa. Enriquecimento por jogo ou casamento. Orgulho excessivo pode prejudicar relações e negócios. Inclinação ao misticismo, ciências ocultas e espiritualismo. Pode atrair invejosos e ciumentos.

Sagitário – jovialidade, bondade, generosidade. Mente receptiva e alerta. Caráter honrado, leal, franco e dedicado atrai respeito e admiração de amigos. Habilidade para poupar apesar da impaciência. Atividade intensa e tendência para viajar muito.

Capricórnio – senso prático, calma para tomar decisões, obstinação e economia ajudam a vencer obstáculos e a realizar as ambições de enriquecimento. Espírito sarcástico, desconfiança e pessimismo criam vida solitária.

Aquário – bondade, generosidade, impulso para ajudar as pessoas mesmo sem grande necessidade. Liberalismo, orgulho, vaidade. Projetos irrealizáveis, necessidade de renovação, idéias avançadas para a época em que vive, visão ampla. Mediunidade forte.

Peixes – inconstância, incerteza, inquietude, ansiedade. Sensibilidade excessiva prejudica vida afetiva, que sofre fortes oposições. Decisões impensadas, atitudes incoerentes, falta de perseverança, momentos de depressão e descrença no futuro. Misticismo. Necessidade de desenvolver psiquismo.

Lua

Orixá: Iemanjá
Estabelece aspectos com: Oxóssi, Oxum, Oxalá, Ogum, Xangô, Omolu, Iansã, Exu.
Influência no corpo: Olho esquerdo e pé esquerdo.
Dia da semana: Segunda-feira.
Locais consagrados: bosques, rochedos, florestas, estradas abertas e sítios desertos, além de navios.
Minerais: Prata, cristal de rocha.
Vegetais: Beladona, lótus.
Animais: Gato, coruja.

Influência sobre os signos:
Áries – entusiasmo, impulsividade, aversão à obediência. Sensibilidade, melancolia e gosto por misticismo e ocultismo. Afastamento precoce da família, amores ocultos e proibidos. Enxaqueca, perda de memória, fuga psicológica.

Touro – serenidade e perseverança. Ambições moderadas e progresso lento. Romantismo e sensualidade exacerbada, com mais experiências sexuais que afetivas. Gosto por literatura, artes e ciências. Mediunidade e atração por temas ocultos.

Gêmeos – criatividade, mente ativa, habilidade manual, versatilidade, interesse por artes em geral. Idealismo e imaginação fértil. Finanças sólidas adquiridas por herança ou legado. Semelhança física com a mãe.

Câncer – dedicação à família (pais e filhos). Fertilidade. Amor à disciplina, orgulho. Lealdade, compaixão, altruísmo. Êxito em profissões ligadas a água e viagens. Gosto por estudos de natureza espiritualista.

Leão – honestidade, honradez, lealdade, sinceridade. Afetos firmes. Capacidade para administrar, comandar e assumir responsabilidades. Elegância, gosto por luxo e ascensão social. Riqueza graças a bons negócios, trabalho, herança e sorte em jogos. Muitos amigos e admiradores.

Virgem – serenidade, persistência, sagacidade, boa memória, amor ao estudo e às ciências. Facilidade em manipular remédios (principalmente ervas) e magnetismo com fins terapêuticos. Amizades fáceis e sinceras. Viagens freqüentes. Saúde incerta, mas sem doenças graves.

Libra – popularidade, facilidade em fazer amigos, vida social intensa. Despreocupação e espírito boêmio. Habilidades manuais e artísticas. Prefere atividades de grupo. Mediunidade, intuição e sonhos proféticos. Felicidade amorosa e realização sexual com parceiro mais idoso.

Escorpião – honestidade, franqueza, combatividade e perseverança. Gostos simples, mas muito voltados para os prazeres materiais e a vida aventurosa. Muito autoconfiante e imune às influências externas. Mais sexualidade que afeto: eventual incompatibilidade no casamento.

Sagitário – rapidez de decisão e ação. Atividade intensa. Honestidade, lealdade e generosidade. Gosto por viagens e misticismo. Orfandade prematura, podendo ter padrasto ou madrasta. Independência de idéias. Vaidade e futilidade.

Capricórnio – criatividade, originalidade, raciocínio fácil e rápido, persistência, capacidade de mando e administração. Exibicionismo, egoísmo e obstinação. Fertilidade. Dificuldades conjugais por incompatibilidade sexual ou por desentendimentos familiares.

Aquário – imaginação rica, intuição forte, mediunidade, misticismo, melancolia. Magnanimidade. Amor ao luxo e a viagens de passeio. Seletividade em relação às companhias; amizades leais. Perturbações mentais e do sistema nervoso.

Peixes – romantismo, espírito sonhador, vontade fraca, inquietação, suscetibilidade a ofensas, sujeição a influências externas. Meiguice, simpatia, caridade, sensibilidade artística. Dificuldade de adaptação a situações novas. Amigos desleais, infelicidade no amor.

Marte

Orixá: Ogum
  Estabelece aspectos com: Xangô, Exu e Iansã.
  Influência no corpo: Narina direita e mão direita.
  Dia da semana: Terça-feira.
  Locais consagrados: Fornalhas, estufas, ruínas, matadouros, campos de batalha e incêndios.
  Minerais: Ferro, diamante, granada.
  Vegetais: Pimenta, heléboro.
  Animais: Lobo, abutre.

Influência sobre os signos:
Áries – vida simples e obscura, com ganhos eventuais. Meios de subsistência incertos; precisa lutar muito pelo êxito. Muitas amizades, mas nenhuma com capacidade de ajudar. Casamento pouco provável; dedicação à família e a parentes.

Touro – paixão prematura e casamento precipitado. Sacrifício por amor. Espírito aventureiro, com exposição a riscos inúteis. Muitas surpresas, nem sempre agradáveis. Inimigos ocultos e perseguições.

Gêmeos – saúde incerta. Amores infelizes e decepção no casamento. Perseguições por parte de falsos amigos. Inveja, intrigas, calúnias e ataques à reputação.

Câncer – boa saúde, resistência a males físicos e morais. Casamento incerto; muitas ligações de pouca duração. Família exigente e desleal, descontentamento no lar. Tendência a isolamento. Amizades influentes, proteção de amigos e admiradores.

Leão – alianças ou ligações importantes. Amores bem-sucedidos e numerosos. Muitas aventuras sexuais. Riscos e perigos. Viagens freqüentes. Lucros em negócios. Posição importante e sucesso financeiro obtidos por esforço e talento, mas só na idade madura.

Virgem – possibilidade de ganhos por aplicações em empresas, mas somente depois de muitas tentativas. Lucros por especulações de compra e venda. Morte de pessoa amiga com repercussões nas finanças. Parentes importunos. Êxito longe do lugar de nascimento. Boa saúde.

Libra – dotes psíquicos. Perda de parente ou amigo muito próximo. Vitória sobre competidores e rivais. Felicidade no casamento. Sucesso em empreendimentos comerciais, mas com risco de prejuízos por deslealdade de sócio.

Escorpião – tendência a aventuras e atividades de alto risco. Missões secretas e excepcionais. Dedicação a artes ocultas e espiritualismo. Alianças inseguras, com importunações e litígios. Viagens lucrativas. Casamento financeiramente vantajoso.

Sagitário – muito esforço com pouco resultado. Intrigas de rivais e concorrentes, injustiças e ataques à reputação. Êxito nos negócios em idade madura. Apoio de amigos fiéis e enriquecimento por herança ou casamento.

Capricórnio – ascensão social por casamento. Família numerosa e feliz. Progresso profissional constante. Amigos e parentes leais, com algumas restrições. Necessidade de cautela contra inimigos ocultos e calúnias.

Aquário – sucesso devido às qualidades pessoais. Êxito em negócios, sociedades e aplicações financeiras. Casamento brilhante e feliz. Misticismo e gosto por ciências e estudos sérios. Na maturidade deve ter cuidado com as finanças.

Peixes – casamento difícil, com contratempos, aborrecimentos por motivos fúteis, discussões e desentendimentos freqüentes. Insatisfação com a família. Mudanças constantes e planos prejudicados. Psiquismo bem desenvolvido que requer atenção e dedicação.

Mercúrio

Orixá: Oxóssi
Estabelece aspectos com: Oxum, Oxalá, Ogum, Xangô, Omolu, Exu e Iansã.
Influência no corpo: Boca e mão esquerda.
Dia da semana: Quarta-feira.
Locais consagrados: Cidades, vias públicas, praças, centros comerciais, lojas e postos de correios.
Minerais: Mercúrio, ágata.
Vegetais: Potentilha, cinco-em-rama.
Animais: Macaco, cegonha.

Influência sobre os signos:

Áries – versatilidade excessiva, impulsividade, falta de persistência para realizar os objetivos. Mente arguta e rapidez de decisão, mas idéias extravagantes e projetos desconexos. Espírito liberal e propenso a exageros. Dedicação aos amigos e à família.

Touro – vontade forte, espírito prático, firmeza de propósitos. Decisões meditadas e imunes a influências externas. Alegria, desinibição e comunicabilidade. Espírito diplomático e conciliatório. Gosto por artes e companhias cultas e educadas.

Gêmeos – dedicação a estudos, ciências ou artes. Argúcia, grande atividade mental, raciocínio fácil e lógico. Propensão a brincadeiras ou ações fúteis e extravagantes. Versatilidade moderada, espírito independente. Simpatias e antipatias instintivas, lealdade aos amigos.

Câncer – sutileza e tato ao lidar com pessoas e questões difíceis. Raciocínio lógico e firme. Mutabilidade e capacidade de adaptação. Coragem, decisão, autoconfiança e bom-senso. Progresso financeiro lento, mas firme. Sexualidade intensa e amores sólidos.

Leão – nobreza, idealismo, coragem, audácia. Dedicação ao trabalho e facilidade para superar obstáculos. Ambição, vaidade, orgulho, desejo de vencer. Raciocínio seguro, intuição. Magnetismo, atração.

Virgem – prudência, cautela, hesitação, ceticismo, desconfiança, espírito crítico. Senso prático e economia. Atividade mental intensa, misticismo. Muitos amores, poucos afetos duradouros. Insatisfação sexual, principalmente para as mulheres.

Libra – simpatia, distinção e magnetismo atraem muitos amigos e amores. Tolerância, bondade, tato e solidariedade. Mente analítica e interesse por questões científicas e intelectuais em geral.

Escorpião – impulsividade, rebeldia, extravagância e grande senso de independência. Generosidade, altruísmo, franqueza e honestidade. Raciocínio lento, mas lógico; filosofia prática.

Sagitário – bondade, generosidade, lealdade, franqueza e honestidade. Dedicação à família e lealdade aos amigos. Senso prático e facilidade de argumentação. Impulsividade nociva. Amores frustrados e dificuldades na vida sexual. Psiquismo e intuição.

Capricórnio – ambição, firmeza de propósitos, objetivos práticos. Vivacidade mental, independência e liberalidade. Interesse científico, mas de natureza utilitária: engenhosidade, inventividade. Espírito crítico. Fortes simpatias e antipatias.

Aquário – mente lúcida e esclarecida. Capacidade de discernimento e argumentação. Idéias práticas. Independência, imunidade a influências externas. Espírito requintado. Mediunidade, vidência e precognição.

Peixes – concentração e sutileza mental. Misticismo. Facilidade de aprender. Dedicação ao estudo e ao trabalho. Progresso firme e finanças sólidas. Altruísmo e lealdade. Suscetibilidade a influências externas. Desilusões amorosas, especialmente com pessoas mais velhas.

Júpiter

Orixá: Xangô
 Estabelece aspectos com: Exu e Iansã.
 Influência no corpo: Cabeça e orelha esquerda.
 Dia da semana: Quinta-feira.
 Locais consagrados: Teatros, cinemas, escolas, tribunais, centros administrativos, palácios de governo.
 Minerais: Estanho, safira.
 Vegetais: Cedro, aspargo.
 Animais: Cervo, águia, elefante.

Influência sobre os signos:
Áries – boa saúde. Sucesso nos empreendimentos. Excelentes relações sociais e comerciais estabelecidas em viagens de negócios. Amigos dedicados. Brilho social por proteção de pessoas influentes. Ganhos em negócios, jogos ou heranças.

Touro – saúde sólida. Boa posição social, com possibilidade de fama artística ou literária. Viagens importantes. Dedicação à filantropia e à religião. Progresso financeiro constante. Casamento feliz, apesar de aborrecimentos causados por parentes e vizinhos invejosos.

Gêmeos – gosto por aventuras arriscadas que podem causar prejuízos. Estabilidade profissional; ganhos modestos, mas estáveis. Casamento com parente, sem vantagens monetárias. Submissão a influência de amigos ou parentes, mas com bom resultado. Sonhos proféticos ou reveladores.

Câncer – muitas ambições, algumas das quais serão realizadas. A capacidade intelectual e os talentos serão desenvolvidos e reconhecidos. Ascensão social, renome e riqueza. Boa reputação no mundo dos negócios. Posição social melhorará com casamento.

Leão – sucesso em atividades ligadas à diplomacia ou inteligência policial. Ascensão social e enriquecimento decorrentes de casamento. Amizades interessantes e úteis. Conciliação com inimigos e concorrentes. Lucros vindos de investimentos e empreendimentos felizes. Viagens.

Virgem – enriquecimento decorrente de investimentos bem-sucedidos. Apoio de amizades leais e duradouras. Tendência para aventuras amorosas e sexuais. Viagens freqüentes. Casamento com pessoa jovem.

Libra – casamento feliz, prole sadia e numerosa. Amigos leais e dedicados. Prosperidade em atividade comercial e em negócios que envolvam viagens a lugares distantes. Interesse por artes e literatura.

Escorpião – preferência por ocupações administrativas, governamentais ou diplomáticas. Aventuras e experiências extraordinárias; atração por experimentos científicos. Investimentos duvidosos e arriscados. Ajuda de amigos. Amores frustrados, com mais sexo que afeto.

Sagitário – espírito conciliador e afetuoso. Dificuldades e aborrecimentos no trabalho causados por calúnias e intrigas de rivais e inimigos ocultos. Possibilidade de mais de um casamento ou de caso extraconjugal.

Capricórnio – altruísmo e dedicação a pessoas tristes e infelizes. Originalidade filosófica, ceticismo religioso. Persistência em planos e idéias. Sucesso em atividades comerciais. Preocupações com casamento e família.

Aquário – grande paixão e casamento por amor. Atividades sociais intensas e muitas amizades superficiais. Lealdade mal correspondida. Intuição, misticismo, interesse por temas ligados a psiquismo e desenvolvimento mental.

Peixes – amizades interessantes e muitos protetores. Ascensão social por empenho de parentes e amigos bem-situados. Méritos reconhecidos. Bondade e generosidade. Ganhos provenientes de especulações e negócios arriscados. Preocupações com a família e o trabalho.

Vênus

Orixá: Oxum
   Estabelece aspectos com: Oxalá, Ogum, Xangô, Omolu, Exu e Iansã.
   Influência no corpo: Narina esquerda e órgãos genitais.
   Dia da semana: Sexta-feira.
   Locais consagrados: fontes, campos floridos, jardins de recreio, praias, lojas de modas, perfumarias, salões de dança, quartos de amantes.
   Minerais: Cobre, esmeralda.
   Vegetais: Verbena, murta.
   Animais: Cabra, pomba.

Influência sobre os signos:
Áries – vaidade, exibicionismo, sensualidade e hedonismo. Alvo de invejas e maledicências. Idealismo, intuição e misticismo. Dis-

crição útil aos negócios. Finanças satisfatórias. Amizades interessantes e leais. Felicidade conjugal e sexual.

Touro – dedicação ao lar, mas incompreensão e ingratidão de filhos e parentes. Amizades influentes. Proteção astral. Amor ao estudo e à literatura. Vaidade, refinamento e amor ao luxo. Progresso profissional e enriquecimento pelo trabalho. Vida amorosa e sexual intensa.

Gêmeos – inventividade e habilidade para o comércio; enriquecimento fácil. Gosto por viagens, festas e diversões. Amizades sinceras e numerosas. Casamento feliz (pode casar-se mais de uma vez), muitos filhos e fortes laços familiares.

Câncer – aventuras sexuais sem afetividade, ocultas e de curta duração. Atividades misteriosas, solidão, misticismo e inclinações estranhas. Dificuldade para tomar decisões. Associação com pessoas de má índole, amigos desleais ou importunos.

Leão – altivez, espírito dominador, independência de pensamento e ação. Bons negócios e lucros altos. Vaidade, ostentação, amor ao luxo. Possível casamento com afeto de infância; muitos filhos. Dedicação à família, mas aventuras amorosas podem causar problemas.

Virgem – vaidade, elegância, amor ao luxo. Gosto por passeios, festas, reuniões, viagens e novidades. Romantismo e futilidade. Muitos casos amorosos e vida sexual intensa. Casamento oculto ou ligações secretas. Experiências psíquicas e aventuras extraordinárias.

Libra – honestidade, lealdade e dedicação. Grandes oportunidades românticas. Amores felizes e ligações sexuais bem-sucedidas. Casamento com afeto de infância. Amigos e protetores influentes. Honras, ascensão social e vantagens advindas do casamento.

Escorpião – inveja e ciúmes prejudiciais. Amizades inconvenientes, mas proteção de pessoas bem-colocadas e influentes, especialmente do sexo oposto. Ligações amorosas com pessoas separadas. Vida sexual intensa e muitos filhos. Intuição e misticismo.

Sagitário – amizades duradouras e sinceras. Alianças poderosas protegem contra inimigos e invejosos. Boas oportunidades financeiras. Vida amorosa intensa põe em risco a reputação. Ascensão social trazida pelo casamento. Mediunidade.

Capricórnio – decepções amorosas causadas por romantismo exagerado. Sexualidade intensa e difícil de satisfazer. Casamento precipitado, talvez com pouco afeto, apesar das muitas experiências amorosas. Enriquecimento por negócios, jogos ou legados. Calúnias e traições de falsos amigos.

Aquário – muitas ligações românticas e aventuras sexuais. Casamento por amor. Boas oportunidades de ganhos, situação financeira ótima. Proteção de amigos importantes. Saúde frágil, com risco de doenças do aparelho urinário e decorrentes da atividade sexual.

Peixes – romantismo. Possibilidade de grande paixão não correspondida e insatisfação sexual. Timidez e tendência à vida solitária. Proteção de parentes e amigos sinceros e bons. Viagens ligadas ao trabalho. Intuição e mediunidade.

Saturno

Orixá: Omolu
   Estabelece aspectos com: Iemanjá, Oxóssi, Oxum e Oxalá.
   Influência no corpo: orelha direita e pé esquerdo.
   Dia da semana: Sábado
   Locais consagrados: Mosteiros, cavernas, subterrâneos, galerias, túneis, cemitérios, locais sombrios e tristes.
   Minerais: Chumbo, ônix.
   Vegetais: Assafétida, angélica, meimendro negro.
   Animais: Toupeira, abutre.

Influência sobre os signos:
Áries – saúde precária. Infância difícil, com muitos obstáculos que serão superados. Parentes e amigos importunos e ciumentos. Perigos constantes. Casamento com pessoa muito mais velha. Necessidade de esforço, fé e perseverança para atingir o sucesso.

Touro – início de vida triste e difícil. Mágoas e prejuízos por causa de parentes e amigos desleais e injustos, e inimigos ocultos. Casamento contra oposições, com incertezas, rixas e dificuldades financeiras. Preocupação com saúde e futuro dos filhos. Lucros em investimentos.

Gêmeos – desgostos, perseguições, litígios e processos com maus resultados. Ciúme, inveja e traição de parentes ou amigos próximos. Casamento inesperado ou precipitado. Frustração sexual.

Câncer – preocupações constantes; infelicidade no casamento; insatisfação amorosa; desvantagens em associações financeiras; interferência de estranhos em questões pessoais; enfermidades. Psiquismo desenvolvido e compensador.

Leão – início de vida seguro. Casamento feliz com pessoa amiga e conhecida. Vivacidade mental, grande poder de ação, liderança, tato e diplomacia. Esperanças brilhantes, muitas das quais se realizam. Méritos reconhecidos. Risco de doenças infecciosas. Amigos turbulentos.

Virgem – início de vida com contratempos e incompreensões. Muitas paixões e aventuras sexuais. Ligações secretas e reprováveis pela moral convencional. Períodos de melancolia e desânimo. Projetos fracassados e finanças instáveis. Doenças. Final de vida monótono, mas calmo e seguro.

Libra – inimizade, intriga com rivalidade com pessoas do outro sexo. Tristeza por perda de amigos ou parentes. Casamento infeliz, com muitas rixas familiares. Sorte nos negócios; empreendimentos lucrativos.

Escorpião – grandes expectativas coroadas de êxito. Muitos amigos mais velhos. Ganhos por talento pessoal, sorte no jogo ou herança. Viagens freqüentes a lugares distantes. Obstáculos difíceis de serem superados. Mágoas de amor.

Sagitário – planos bem-sucedidos e sucesso nos assuntos financeiros. Vitória sobre rivais e concorrentes. Amigos e admiradores leais. Humanitarismo e amplitude de horizontes.

Capricórnio – perspectiva de dificuldades e oposições que serão vencidas com muita perseverança. Progresso profissional graças aos méritos pessoais. Casamento feliz. mediunidade forte e dons divinatórios.

Aquário – dedicação a função pública. Lucros em transações ligadas a indústrias. Aborrecimentos, intrigas e calúnias causados por inimigos declarados ou amigos desleais. Amores secretos ou extraconjugais. Experiências psíquicas extraordinárias.

Peixes – ligações amorosas prejudicadas por ciúmes e invejas; necessidade de discrição para evitar aborrecimentos. Situação financeira modesta, mas segura. Vários filhos que buscarão cedo o próprio caminho independente. Individualismo nos campos filosófico e religioso.

GOVERNO DAS HORAS PELOS ORIXÁS

Com exceção de Iansã e Exu, cuja influência se faz sentir durante todas as horas do dia e da noite, os trabalhos com os orixás (adivinhações, magias e oferendas) devem ser realizados nas horas em que as respectivas forças estão mais fortes. Essas horas são mostradas na tabela apresentada a seguir, na qual os orixás seguem as regências horárias tradicionais dos planetas a que são associados pela umbanda. É importante observar, para saber usar corretamente os dados da tabela, que a primeira hora diurna é a que começa ao nascer do Sol de cada dia; a primeira hora noturna é a que começa quando o Sol se põe.

Mas nem todas as horas são igualmente adequadas para a realização dos trabalhos mágicos. A umbanda classifica as horas diurnas e noturnas como "abertas" e "fechadas". As horas abertas são: seis horas da manhã (primeira hora diurna), meio-dia (sexta hora diurna), seis horas da tarde (primeira hora noturna) e meia-noite (sexta hora noturna). Essas horas são proibidas para os trabalhos de magia branca, exceto aqueles destinados a desmanchar feitiços. Em compensação, as horas abertas são convenientes para os trabalhos de magia negra (quimbanda).

As horas fechadas são todas as outras horas diurnas e noturnas que não sejam as classificadas como abertas. Nelas se realizam os trabalhos de magia branca e os rituais de umbanda.

QUADRO DAS REGÊNCIAS PELOS ORIXÁS DAS HORAS DIURNAS (D) E NOTURNAS (N) DOS DIAS DA SEMANA

Horas	Domingo	Segunda	Terça	Quarta	Quinta	Sexta	Sábado
1D	Oxalá	Iemanjá	Ogum	Oxóssi	Xangô	Oxum	Omolu
2D	Oxum	Omolu	Oxalá	Iemanjá	Ogum	Oxóssi	Xangô
3D	Oxóssi	Xangô	Oxum	Omolu	Oxalá	Iemanjá	Ogum
4D	Iemanjá	Ogum	Oxóssi	Xangô	Oxum	Omolu	Oxalá
5D	Omolu	Oxalá	Iemanjá	Ogum	Oxóssi	Xangô	Oxum
6D	Xangô	Oxum	Omolu	Oxalá	Iemanjá	Ogum	Oxóssi
7D	Ogum	Oxóssi	Xangô	Oxum	Omolu	Oxalá	Iemanjá
8D	Oxalá	Iemanjá	Ogum	Oxóssi	Xangô	Oxum	Omolu
9D	Oxum	Omolu	Oxalá	Iemanjá	Ogum	Oxóssi	Xangô
10D	Oxóssi	Xangô	Oxum	Omolu	Oxalá	Iemanjá	Ogum
11D	Iemanjá	Ogum	Oxóssi	Xangô	Oxum	Omolu	Oxalá
12D	Omolu	Oxalá	Iemanjá	Ogum	Oxóssi	Xangô	Oxum
1N	Xangô	Oxum	Omolu	Oxalá	Iemanjá	Ogum	Oxóssi
2N	Ogum	Oxóssi	Xangô	Oxum	Omolu	Oxalá	Iemanjá
3N	Oxalá	Iemanjá	Ogum	Oxóssi	Xangô	Oxum	Omolu
4N	Oxum	Omolu	Oxalá	Iemanjá	Ogum	Oxóssi	Xangô
5N	Oxóssi	Xangô	Oxum	Omolu	Oxalá	Iemanjá	Ogum
6N	Iemanjá	Ogum	Oxóssi	Xangô	Oxum	Omolu	Oxalá
7N	Omolu	Oxalá	Iemanjá	Ogum	Oxóssi	Xangô	Oxum
8N	Xangô	Oxum	Omolu	Oxalá	Iemanjá	Ogum	Oxóssi
9N	Ogum	Oxóssi	Xangô	Oxum	Omolu	Oxalá	Iemanjá
10N	Oxalá	Iemanjá	Ogum	Oxóssi	Xangô	Oxum	Omolu
11N	Oxum	Omolu	Oxalá	Iemanjá	Ogum	Oxóssi	Xangô
12N	Oxóssi	Xangô	Oxum	Omolu	Oxalá	Iemanjá	Ogum

A CARTOMANCIA

A CARTOMANCIA É MUITO EMPREGADA NA UMBANDA, ESPECIALMENTE nas consultas dadas por espíritos ciganos e entidades do Povo da Rua. Existem vários métodos de adivinhação pelo uso de cartas. São bastante conhecidos o tarô e o baralho cigano, hoje muito usados pelos cartomantes. Entretanto, talvez o mais simples de todos os sistemas seja o que utiliza o baralho comum de jogar. Esse baralho é formado por 52 cartas divididas em quatro conjuntos iguais, cada um designado por um naipe: ouros, paus, copas e espadas. Cada naipe é constituído por dez cartas numéricas (começando pelo Ás, que vale 1, e terminando no Dez) e três figuras (Valete, Dama e Rei).

OS NAIPES

Para a cartomancia, os naipes representam as raízes dos poderes cósmicos referentes aos quatro elementos. O naipe de Paus corresponde ao elemento fogo; logo, está sob a regência de Ogum e é vinculado às energias que atuam no plano psíquico, ou seja, do espírito. No organismo, o elemento fogo atua nos sistemas nervoso e reprodutor.

O naipe de Copas corresponde ao elemento água; está sob a regência de Oxum e se liga às energias que atuam no plano emocional, uma área extremamente vulnerável, que pode ser atingida pelos sentimentos alheios e por feitiços. No organismo, o elemento água age nos órgãos dos aparelhos circulatório e urinário.

O naipe de Espadas corresponde ao elemento ar; é regido por Omolu e se vincula às energias atuantes no plano mental. No organismo, o elemento ar atua nos órgãos do aparelho respiratório.

O naipe de Ouros corresponde ao elemento terra; é regido por Xangô e está ligado às energias do plano astral, onde atuam os espíritos inferiores, os elementais e as almas dos mortos (eguns). No organismo, o elemento terra age nos ossos, músculos, cartilagens e órgãos do aparelho digestivo.

AS FIGURAS

As cartas figuradas, bem como os Ases, pertencem aos quatro planos da existência, sendo regidas pelas forças cósmicas correspondentes. Os Ases estão relacionados com o domínio psíquico, sendo regidos por Ogum. Os Reis pertencem ao domínio mental e são regidos por Omolu. As Damas correspondem ao plano emocional e são regidas por Oxum. Os Valetes estão no plano astral e são regidos por Xangô.

Os Reis e as Damas são usados para representar o consulente, respectivamente homem ou mulher, de acordo com seu tipo físico, sem se levar em conta a idade. As figuras de Paus representam pessoas morenas de cabelos escuros, com tons que vão do negro ao castanho. As figuras de Copas representam pessoas de pele muito clara e cabelos claros ou grisalhos. As figuras de Espadas representam pessoas de pele muito escura e cabelos de qualquer tipo, de origem africana, asiática ou indígena. As figuras de Ouros representam pessoas coradas, com cabelos claros, brancos ou ruivos.

A TÉCNICA DO JOGO

A cartomancia é feita na umbanda em duas etapas. A primeira consiste no uso das cartas numéricas para a obtenção de vaticínios para doze temas pré-fixados; na segunda, o adivinho usa as figuras e os Ases para responder a perguntas específicas.

Os doze temas correspondem às falas dos orixás, sendo análogos aos odus do jogo de búzios; e cada um deles divide-se em três recados referentes ao tema ou aos subtemas. Ao jogar, o cartomante colocará sempre na mesma localização a carta correspondente a cada tema e subtema. Enquanto não tiver memorizado todos os temas e suas posições, ele deverá desenhar em uma folha de papel suficientemente grande três fileiras horizontais de doze retângulos, cada um deles um pouco maior que uma carta do baralho que utiliza. Ao terminar o desenho, o adivinho terá um conjunto de doze colunas com três retângulos cada.

Feito isso, o adivinho escreverá, por cima do primeiro retângulo de cada coluna, da esquerda para a direita, os nomes dos temas, de acordo com a ordem em que eles aparecem na relação das interpretações apresentada mais adiante. No alto de cada um dos três espaços de cada coluna, deverá escrever o assunto do recado, respeitando a seguinte ordem: na primeira fileira será escrito o primeiro recado de cada orixá; na segunda fileira será posto o segundo recado e, na terceira, o terceiro e último recado.

persona-lidade	ambiente	finanças	intelecto	amor	sociabi-lidade	transfor-mação	ação	psiquismo	sensua-lidade	sensibi-lidade	ideal
posição	herança	riqueza	projetos	afeições	associações	mudanças	empreen-dimentos	infortúnios	desejo	dor	esperança
ambição	sorte	êxito	riscos	casamento	rivalidades	perdas	justiça	doenças	indiferença	mágoas	recom-pensas
honrarias	felicidade	favores	satisfação	ingratidão	amizades	surpresas	traição	mortes	dádivas	alegrias	mérito

Se o cartomante for um pai ou uma mãe-de-santo, poderá trabalhar tendo seu guia manifestado. Nesse caso, ele não repetirá as interpretações que aprendeu durante seu período de treinamento, pois o orixá falará por ele. Mas a incorporação não é necessária ao jogo: um cartomante com um bom treinamento e uma boa intuição podem fazer excelentes prognósticos.

PRIMEIRA ETAPA

Na primeira fase do oráculo, o cartomante fará a leitura das cartas para todos os recados referentes aos doze temas, sorteando uma carta numérica ao acaso para cada posição. Esse sorteio será repetido quatro vezes: na primeira será interpretado o passado; na segunda, o presente; na terceira, o futuro remoto; e na quarta, o futuro imediato.

O cartomante entrega o baralho ao consulente, recomendando-lhe que separe as dezesseis cartas das figuras e dos Ases, e que coloque esse monte à sua direita, tendo por cima a carta que o representa. A seguir, o consulente embaralha em doze movimentos as 36 cartas numéricas, corta-as com a mão esquerda e refaz o maço.

A operação seguinte consiste em distribuir as 36 cartas pelos temas para a primeira leitura, que se refere ao passado. O cartomante coloca as três cartas da primeira coluna à sua esquerda e as interpreta. A seguir, deixando essas cartas no lugar, preenche a segunda coluna e faz sua interpretação; e repete o mesmo procedimento até ler todas as colunas.

Feito isso, as cartas são recolhidas e novamente embaralhadas pelo consulente; e o cartomante repete a sua distribuição pelos temas, para obter as respostas referentes ao presente. O mesmo procedimento é repetido mais duas vezes: uma para o futuro distante e outra para os acontecimentos do futuro muito próximo.

Interpretação

Os augúrios são dados pela qualidade dos naipes, que dá o sentido geral benéfico ou maléfico do vaticínio; e pelo valor numérico das cartas, que indica a força da previsão. Quanto maior for o valor numérico da carta, independente do naipe a que pertence, mais significativo será o vaticínio. Assim, se a previsão for negativa, é melhor que a carta seja de número baixo, pois a força da má sorte será menor; inversamente, se a previsão for boa, será melhor que a carta tenha um valor alto.

As cartas de Paus e Copas são quase sempre benéficas. As de Ouros são regulares; não são definitivamente maléficas, mas dão conselhos ou fazem advertências. As cartas de Espadas, mesmo quando não são totalmente más, dificilmente podem ser consideradas favoráveis.

Vaticínios segundo posição e naipe das cartas

Personalidade:
Fala Oxalá.
1. Posição
   Paus – progresso e riqueza graças a trabalho árduo e ajuda de amigos.
   Copas – a cada dia o êxito está mais próximo.
   Ouros – lutando com firmeza e trabalhando duro, os obstáculos serão vencidos.
   Espadas – situação duvidosa exige muito esforço e cuidados redobrados.
2. Ambição
   Paus – amigos interessados em seus projetos ajudarão a realizar o que mais deseja.
   Copas – quem insiste com firmeza e coragem, realiza suas ambições.

Ouros – inveja e ciúme de falsos amigos e parentes podem frustrar suas ambições.
Espadas – grande decepção por causa de inimigos ocultos e rivais.
3. Honrarias
Paus – todas as honras e benefícios que merece virão de superiores e associados.
Copas – dívida de gratidão a amigos que prometem honras e benefícios.
Ouros – cuidado com ciúmes e invejas que podem destruir o fruto do seu trabalho.
Espadas – usando falsidades e intrigas, outros colhem o que você semeou.

Ambiente:
Fala Iemanjá.
1. Herança
Paus – há bons motivos para esperar um excelente legado.
Copas – um amigo ou desconhecido pode lhe deixar algo de bom.
Ouros – seja ponderado para não se envolver em litígio onde há mais a perder que a ganhar.
Espadas – gananciosos e trapaceiros podem tirar-lhe uma herança que é seu direito.
2. Sorte
Paus – muita sorte, prosperidade e sucesso.
Copas – pode conseguir o necessário para sobreviver com trabalho e inteligência.
Ouros – risco de grande perda financeira por ação de rivais maliciosos.
Espadas – ódio e trapaça de inimigos podem destruir suas perspectivas de êxito imediato.
3. Felicidade
Paus – com prudência e cautela a felicidade pode ser atingida.

Copas – seu afeto é correspondido e é dado a quem o merece; nada impede sua felicidade.

Ouros – a busca desordenada de prazer pode provocar grandes males; seja prudente e discreto.

Espadas – a obsessão por prazeres e bens materiais pode levar à destruição.

Finanças:
Fala Xangô.
1. Riqueza

Paus – trabalhando com inteligência e sendo precavido poderá possuir bens satisfatórios.

Copas – pode obter uma grande fortuna, mas deverá trabalhar para isso.

Ouros – pessoas mesquinhas e invejosas irão enriquecer às suas custas ou lucrar com seu trabalho.

Espadas – defenda seus direitos e poupe seus esforços, pois seu trabalho vai enriquecer outrem.

2. Êxito

Paus – terá êxito em seus projetos graças à ajuda de bons amigos.

Copas – as circunstâncias são favoráveis e os que o cercam têm bons propósitos.

Ouros – invejas e desconfianças em sua capacidade põem obstáculos no seu caminho.

Espadas – logros, perfídias, traições e rivalidade desleal não lhe deixam muito a esperar.

3. Favores

Paus – mostrando-se confiável e capaz receberá grande auxílio de bons amigos.

Copas – a sorte lhe dará protetores poderosos que o auxiliarão em seus interesses.

Ouros – seja direto e honesto, pois há muitos rivais espertos e insistentes.
Espadas – conte apenas com seu trabalho, pois está cercado por egoístas e outros mais necessitados.

Intelecto:
Fala Exu.
1. Projetos
   Paus – um amigo fiel vai ajudá-lo, mas não conte apenas com isso.
   Copas – seu projeto depende de um plano minucioso e sensato; não tente o improvável.
   Ouros – dificuldades causadas por terceiros; as figuras (na outra fase do jogo) dirão quem são.
   Espadas – parentes, vizinhos, associados ou falsos amigos podem fazer fracassar seus projetos.
2. Riscos
   Paus – grande êxito e conquista de posição melhor que a atual se usar bem seus talentos.
   Copas – possibilidade de ganhos inesperados usando raciocínio e audácia.
   Ouros – pense bem no que deseja, planeje com cuidado e só depois tente a fortuna.
   Espadas – fuja de especulações e seja cuidadoso para evitar prejuízos.
3. Satisfação
   Paus – honestidade e lealdade ajudarão a superar as crises com satisfação moral.
   Copas – seus desejos serão satisfeitos e haverá contentamento em casa.
   Ouros – há muitas dificuldades causadas por ciúmes e perfídia de vizinhos e parentes.
   Espadas – suas esperanças podem ser contrariadas por concorrentes, inimigos e invejosos.

Amor:
Fala Oxum.
1. Afeições
Paus – alguém que o ama com fidelidade fará tudo que puder para torná-lo feliz.
Copas – sua vida amorosa será felicíssima.
Ouros – amores incertos, ameaçados pelo ciúme; seja realista.
Espadas – seu afeto não é correspondido; a conquista exige paciência, lealdade e dedicação.
2. Casamento
Paus – sua escolha é certa e amigos ajudarão a realizar seu casamento.
Copas – fará um bom casamento, pois seu amor é correspondido.
Ouros – o casamento por interesse trará aborrecimentos, dificuldades e preocupações.
Espadas – um casamento impensado traz traição e separação; as figuras podem ser mais específicas.
3. Ingratidão
Paus – peça auxílio para que seus méritos e direitos sejam levados em consideração.
Copas – a ingratidão de alguns será compensada pelo reconhecimento e amizade de muitos.
Ouros – seja franco, pois a ingratidão que o magoa é causada pelo ciúme.
Espadas – mesmo tendo sofrido deslealdade e perfídia, você não deve trair e enganar.

Sociabilidade:
Fala Ibeji.
1. Associações
Paus – você tem excelentes amigos; não os decepcione.
Copas – alguns amigos lhe proporcionarão grandes vantagens e alegrias.

Ouros – seja diplomático para evitar discórdias e ciúmes em seu círculo de conhecimentos.

Espadas – cuidado ao escolher suas amizades; mesmo assim poderá se decepcionar com ingratidão.

2. Rivalidades

Paus – seus méritos e a ajuda de amigos leais garantem a vitória sobre seus concorrentes.

Copas – aproveite a boa sorte atual, pois no futuro talvez os rivais ganhem força.

Ouros – o despeito e a intriga ameaçam sua posição; cuidado com feitiços.

Espadas – êxito muito duvidoso.

3. Amizades

Paus – felicidade graças ao afeto, dedicação e lealdade das pessoas que o estimam.

Copas – será beneficiado por amigos e confidentes de bom coração que o estimam sinceramente.

Ouros – cuidado para evitar intrigas envolvendo amante ou amigos ciumentos.

Espadas – seu afeto foi dado a pessoas falsas, vingativas e indignas de sua confiança.

Transformação:
Fala Iansã.

1. Mudanças

Paus – agradeça a um amigo por mudança de situação que trará grandes benefícios.

Copas – a sorte trará mudanças felizes e vantajosas.

Ouros – seja paciente e prudente para não ser prejudicado por mudanças inesperadas.

Espadas – inimigos secretos e falsos amigos conspiram contra sua posição atual.

2. Perdas

Paus – perda de posição aparentemente segura, sua ou de pessoa que o ampara.

Copas – perda de amigo em quem confia constituirá grande abalo moral.

Ouros – cerque-se de cuidados, pois há risco de perda de bens, com sacrifício de seus interesses.

Espadas – cuidado com investimentos impensados, maus conselhos, ladrões e vigaristas.

3. Surpresas

Paus – amigos e pessoas que o apóiam o ajudarão a melhorar de situação financeira.

Copas – a sorte poderá colocá-lo repentinamente em uma situação invejável.

Ouros – inveja e ambição alheias, que parecem ameaças, resultarão em vantagens.

Espadas – mesmo que a ruína e até a morte pareçam inevitáveis, uma ajuda providencial o salvará.

Ação:
Fala Ogum.
1. Empreendimentos

Paus – sua coragem e o apoio de amigos trarão lucros, apesar dos riscos.

Copas – o êxito é certo se persistir e lutar.

Ouros – existem muitos rivais; seria melhor tentar um projeto onde a vitória seja mais segura.

Espadas – seus projetos podem fracassar por má escolha e mau planejamento.

2. Justiça

Paus – justiça será feita e você receberá aquilo a que tem direito.

Copas – peça ajuda a um advogado ou intermediário para que seus direitos sejam reconhecidos.

Ouros – seja diplomático e procure agradar a quem pode lhe ajudar, pois inimigos desleais espreitam.

Espadas – tentar obter justiça só agravará a situação; espere oportunidade mais propícia.
3. Traição
Paus – bons amigos o ajudarão a vencer as conspirações de inimigos e rivais.
Copas – você se livrará das intrigas, cujos efeitos se voltarão contra os seus autores.
Ouros – a traição e o engano existem, mas o tempo apagará seus efeitos.
Espadas – cuidado com escândalos, calúnias, logros e afastamento de amigos e entes queridos.

Psiquismo:
Fala Omolu.
1. Infortúnios
Paus – um grande amigo corre perigo e você poderá sofrer com isso; tente evitar o pior.
Copas – o que parece uma desgraça logo deixará de preocupar e até resultará em vantagens.
Ouros – ameaça de calúnias, intrigas e feitiços; aja de modo a não merecer o mal.
Espadas – tome cuidado com falsidades e cargas maléficas que o rodeiam.
2. Doenças
Paus – descanse e cuide da alimentação, embora as doenças que o ameaçam não sejam graves.
Copas – poderá adoecer, mas logo estará curado; procure a proteção do orixá de seu signo natal.
Ouros – terá uma doença de recuperação lenta, mas sua saúde se fortalecerá; proteja sua aura.
Espadas – seja paciente e não desanime, pois será atingido pelo mal que lhe desejam.
3. Mortes
Paus – um falecimento, embora o entristeça, poderá trazer algumas vantagens.

Copas – uma morte poderá trazer um fato inesperado; mas você não será prejudicado.

Ouros – os que desejam sua perda serão destruídos; ore e perdoe.

Espadas – fortaleça o corpo e a alma para vencer um perigo próximo em que muitos morrerão.

Sensualidade:
Fala Pomba-gira.
1. Desejo

    Paus – com algum esforço e ajuda externa, seu desejo será satisfeito.

    Copas – seu mais ardente desejo será realizado; faça por merecê-lo.

    Ouros – é preciso lutar e a vitória é duvidosa, pois rivais desejam o mesmo que você.

    Espadas – é impossível realizar seu desejo; escolha algo mais fácil e razoável.

2. Indiferença

    Paus – sua indiferença seletiva pode causar problemas; aprenda a escolher antes de querer.

    Copas – se não puder dar amor a quem o ama, dê pelo menos apoio, compreensão e amizade.

    Ouros – não despreze as experiências do mundo material, para aprender as lições da vida.

    Espadas – a indiferença em relação a amigos, bens, honra ou saúde traz maus resultados.

3. Dádivas

    Paus – aceite tudo que lhe é dado de boa vontade e que pensa merecer, mesmo que pareça muito.

    Copas – você terá muito mais do que espera; seja reconhecido e aproveite com sabedoria.

Ouros – não se deixe levar pela cobiça e tome cuidado com quem lhe oferece presentes.
Espadas – os favores prestados por falsos amigos podem custar muito caro.

Sensibilidade:
Fala Nanã.
1. Dor
Paus – reconcilie-se com seus velhos amigos para evitar sofrimentos no futuro.
Copas – tenha fé e esperança, pois os sofrimentos estão próximos do fim.
Ouros – não se zangue nem se impressione com palavras ásperas e maldosas; tudo passa.
Espadas – no momento, a indiferença é a melhor arma contra a deslealdade e a inveja.
2. Mágoas
Paus – seus amigos podem sofrer contratempos e tristezas; procure consolar e amparar a todos.
Copas – suas afeições podem ser causa de grandes sofrimentos.
Ouros – a má vontade, o despeito e o ciúme ameaçam seus interesses; tenha coragem.
Espadas – seja forte, pois estão chegando grandes sofrimentos, prejuízos, traições e intrigas.
3. Alegrias
Paus – seu esforço e a ajuda de seus amigos garantirão sua felicidade.
Copas – se escolher bem a quem amar, e se tirar o ódio de seu coração, será muito feliz.
Ouros – vencerá grandes obstáculos e terá felicidade e paz de espírito, apesar das rivalidades.
Espadas – tornar-se útil a alguém será uma forma de felicidade que não ficará sem recompensa.

Ideal:
Fala Oxóssi.
1. Esperança
   Paus – terá várias oportunidades de realizar seus desejos, mas nada virá sem esforço.
   Copas – tenha fé e paciência, pois o que deseja será seu algum dia.
   Ouros – seja mais ponderado, pois esperanças vãs e desejos fantasiosos não se realizam.
   Espadas – examine sua consciência e procure escolher um ideal mais elevado e menos fútil.
2. Recompensa
   Paus – você receberá o que merece por seu trabalho, nem mais nem menos.
   Copas – sua fidelidade e seu esforço serão recompensados.
   Ouros – os invejosos criarão obstáculos, dificultando a compensação de seus trabalhos.
   Espadas – há risco de que venha a perder, por logro, o que lhe foi prometido.
3. Mérito
   Paus – o cumprimento de seus deveres será bem recompensado; ajude os injustiçados.
   Copas – você alcançará excelente posição, indo mais longe do que jamais esperou.
   Ouros – rixas e rivalidades atrasarão seu progresso e exigirão astúcia, serenidade e prudência.
   Espadas – procure não se sobressair, pois terá que lutar contra a inveja e a deslealdade.

SEGUNDA ETAPA

Na segunda fase do jogo são usadas somente as figuras, que representam quem acompanha a pessoa em um assunto específico, e os Ases, que indicam o que está ocorrendo. Nessa etapa, o consulente escolhe os temas ou os subtemas específicos que deseja ver comentados.

Tanto o cartomante quanto o consulente podem colocar as cartas nas casas escolhidas; mas é preferível que a distribuição seja feita pelo último, que assim imantará as cartas com seu pensamento. Depois de embaralhar o conjunto, mas sem cortar o monte, o consulente distribui todas as dezesseis cartas ao acaso pelas casas correspondentes aos assuntos que mais lhe interessam.

A interpretação é baseada no significado geral de cada figura e no dos naipes das cartas que caíram em cada casa. Se a figura escolhida no início do jogo para representar o consulente cair na casa referente à pergunta feita por ele, isso indica a necessidade de esforço pessoal ou revela que a realização do desejo depende muito de mérito próprio.

Reis

Representam pessoas em situação de poder, que influenciam os projetos do consulente.

Paus – proteção de pessoa muito poderosa que pode dirigir os acontecimentos.

Copas – protetor bom, mas que age mais como conselheiro e mentor.

Ouros – protetor bom e sincero, mas com pouca influência sobre os acontecimentos.

Espadas – oposição de poderosos pode bloquear projetos.

Valetes

Representam a ação de pessoas próximas, auxiliares ou subalternas.

Paus – auxiliares valiosos, hábeis e devotados.
Copas – auxiliares bons e honestos.
Ouros – auxiliares bem-intencionados, mas pouco eficientes.
Espadas – falsos amigos e auxiliares desleais.

Damas

Falam sobre a sorte e a influência dos relacionamentos nos projetos do consulente.
Paus – boa sorte; anula vaticínio negativo feito por carta numérica para o tema.
Copas – boa sorte no amor; anula predição negativa feita por carta numérica para o tema.
Ouros – sorte nos negócios e em aventuras amorosas mais voltadas para o sexo.
Espadas – interferências negativas podem frustrar os desejos.

Ases

Indicam acontecimentos, e não pessoas.
Paus – o consulente é fortemente ajudado por causa do reconhecimento de seus méritos.
Copas – o consulente tem sorte e é ajudado por alguém que gosta dele.
Ouros – o auxílio é dado de boa vontade, mas não resolve o problema.
Espadas – o consulente é vítima de intrigas e prejudicado por forças contrárias.

A QUIROMANCIA

A QUIROMANCIA É A TÉCNICA DE INTERPRETAR AS FORMAS QUE aparecem nas palmas das mãos e que, na adaptação feita pela umbanda, se relacionam aos principais orixás. As formas básicas estudadas pela quiromancia são as linhas, os montes e os traçados especiais. A figura da página 127 mostra a localização das principais formas analisadas pela quiromancia.

A quiromancia também leva em conta o formato da mão inteira e de suas partes. Por exemplo, quanto maior for um dedo em relação aos outros da mesma mão, maior será a influência do orixá correspondente sobre o caráter do consulente. Se o dedo for liso, indicará forte intuição; se for nodoso, o raciocínio lógico predomina em relação ao tema governado pelo orixá que rege esse dedo.

As dimensões relativas das três partes de cada dedo falam a respeito dos fatores predominantes na influência de cada orixá sobre as qualidades do indivíduo. A falange (a parte mais próxima da palma da mão) representa o plano espiritual; a falanginha (a parte média do dedo) simboliza o plano mental; e a falangeta (a parte mais externa, onde cresce a unha) representa os planos astral e físico.

O quiromante deve inicialmente examinar as proporções e a harmonia das mãos. A seguir, deve observar a repetição, ausência ou alteração dos sinais em ambas, tendo em mente que a esquerda representa as potencialidades e a direita, as realizações. Assim sendo, a mão direita apresentará diferenças em relação à esquerda, pois nem todas as tendências conseguem se realizar; em compensação, o esforço pessoal pode anular malefícios esperados. Portanto, a comparação entre as duas mãos mostrará como o consulente está se conduzindo no sentido de utilizar seu livre-arbítrio para dirigir o próprio destino.

OS ORIXÁS E AS REGIÕES DA MÃO

Na adaptação feita pela umbanda, os dedos são associados aos orixás, da mesma forma como correspondem aos planetas na quiromancia tradicional. O polegar é de Oxum; o indicador, de Xangô; o médio, de Omolu; o anular, de Oxalá; e o mínimo, de Oxóssi. Essa regência determina a influência dos orixás nas áreas da palma da mão: a linha e o monte regido por cada um fica nas proximidades do seu dedo correspondente. As exceções são Ogum e Iemanjá que, não regendo nenhum dedo, têm suas estruturas nas bordas interna e externa da palma da mão. Nanã, Iansã, Exu e Pomba-gira são auxiliares, não tendo nenhuma área de regência própria. Nanã e Iansã auxiliam Xangô, enquanto Exu e Pomba-gira apóiam Omolu. Os outros orixás, mais próprios do candomblé, não se manifestam por meio dessa técnica.

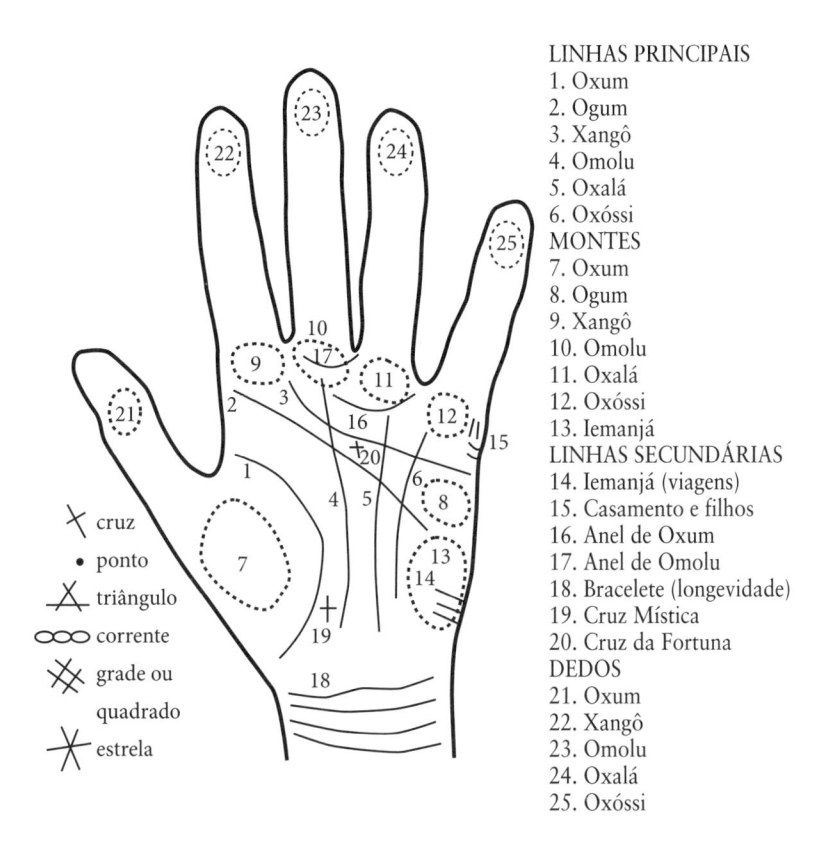

LINHAS PRINCIPAIS
1. Oxum
2. Ogum
3. Xangô
4. Omolu
5. Oxalá
6. Oxóssi

MONTES
7. Oxum
8. Ogum
9. Xangô
10. Omolu
11. Oxalá
12. Oxóssi
13. Iemanjá

LINHAS SECUNDÁRIAS
14. Iemanjá (viagens)
15. Casamento e filhos
16. Anel de Oxum
17. Anel de Omolu
18. Bracelete (longevidade)
19. Cruz Mística
20. Cruz da Fortuna

DEDOS
21. Oxum
22. Xangô
23. Omolu
24. Oxalá
25. Oxóssi

✕ cruz
• ponto
△ triângulo
∞ corrente
✕✕ grade ou quadrado
✱ estrela

O conhecimento das áreas regidas por cada orixá permite fazer predições em relação aos assuntos influenciados por cada um deles, de acordo com a aparência dessas regiões na mão do consulente.

Temas de Oxum

Vitalidade, saúde e longevidade; família, fertilidade e filhos; amor e sexualidade; arte, festas, luxo, compras suntuárias, jóias; finanças; dedicação à natureza.

Temas de Ogum

Coragem, audácia, lutas e oposições; senso de justiça, lógica e raciocínio; caça, pesca, esforços físicos; amor e sexo; atividades ligadas a metais e fogo, com os riscos respectivos; ferimentos e acidentes.

Temas de Xangô

Êxito social e financeiro; amizades, sociabilidade, eloqüência, influência sobre pessoas, proteções; contratos, documentos, riscos, empréstimos, especulações; capacidade mental, posição social, elevação espiritual.

Temas de Omolu

Agricultura e mineração; bens imóveis, terrenos e edificações; estudo, ciência, filosofia, espiritualidade, meditação, mediunidade; viagens astrais; prudência, honestidade; sorte no jogo.

Temas de Oxalá

Literatura, poesia, artes e técnicas; casamento e vida em família; popularidade, elogios, prêmios e honrarias; solicitação de favores, contatos com poderosos e trato com autoridades; vantagens e riquezas.

Temas de Oxóssi

Assuntos legais e jurídicos, escrituras, negócios, compras, correspondências; atividades literárias e científicas; viagens; versatilidade, astúcia, embustes, logros; sensibilidade, ressentimento, vingança; inconstância, dúvidas.

Temas de Iemanjá

Projetos, mudanças, viagens; definições e decisões rápidas; surpresas, instabilidade, inconstância; honestidade, sinceridade, discrição; misticismo, visões, ilusões; desconfiança, decepções; riscos ligados à água.

Temas de Iansã

Ocultismo, intuição, magia; engenhosidade; comércio, finanças, passeios, compras; estudos, escritos, correspondência íntima; amabilidade; relações com e entre mulheres; sensualidade, leviandade, aventuras sexuais; ciúmes, calúnias.

Temas de Nanã

Ambição, vaidade; poupança; obstinação, persistência, prudência, desconfiança; franqueza, eloqüência; amizades, vida social, casamento, vida familiar, filhos, fertilidade; vantagens, lisonja, adulação.

Temas de Exu e Pomba-gira

Inteligência, filosofia, bom-senso, simplicidade, honestidade, sinceridade; recolhimento, melancolia; misticismo, ocultismo, feitiçaria; inventividade; assuntos científicos ou relativos a máquinas, mecânica e indústrias; apresentação de planos e projetos; solicitações; excentricidades, infortúnios, rixas familiares.

AS LINHAS PRINCIPAIS

As linhas principais são marcas muito intensas que formam o traçado básico da palma da mão. Costumam existir em todas as pessoas, variando apenas em traçado, grossura, profundidade e coloração, indicadores das diferentes características do consulente. Essas linhas são seis; suas características estão descritas a seguir.

Linha de Oxum

Essa linha contorna a base do polegar (dedo de Oxum), por fora do Monte de Oxum. É a Linha da Vida na quiromancia tradicional. Sua extensão permite calcular a duração da vida; detalhes de forma indicam eventos importantes. A seção aproximadamente horizontal que corta a área da mão entre o polegar e o indicador representa os primeiros vinte anos. O segmento seguinte, que desce aproximadamente vertical em direção ao punho, representa a fase que vai até os cinqüenta anos. A terceira parte, que se inclina contornando horizontalmente a base do polegar, simboliza a fase final da vida; sua extensão indicará vida mais curta ou mais longa. Se a linha não se curvar mas for verticalmente até o pulso, a vida poderá ir até os cem anos; se a linha transpuser os braceletes, a vida terá duração excepcional.

Geralmente essa linha começa junto com a de Ogum. Quando elas são separadas, indicam que a pessoa se afastará muito cedo do ambiente familiar.

As interrupções marcam acidentes, doenças graves ou perigos à vida. Se a linha não continuar, o evento será fatal; se houver uma linha secundária acompanhando a principal, o perigo será ultrapassado.

Se a linha é bem acentuada, forte e funda, indica boa saúde e vitalidade. Se tiver um traçado belo e firme, sugere independência de ação, originalidade de pensamento, coragem e criatividade. Se for muito nítida, associada com um Monte de Oxum alto e um dedo correspondente vigoroso, anuncia realismo, senso prático, obstinação, amor ao trabalho e gênio um pouco rancoroso.

Se a linha for pálida indica vitalidade fraca; escura, doenças dos aparelhos circulatório ou urinário; azulada e leve, inércia e apatia; vermelha e muito funda, temperamento violento. Se for vermelha, mas sem exagero, sugere grande sensualidade. Se for vermelha, mas fina e pouco profunda, associada a dedos espatulados (especialmente o de Oxóssi), fala de astúcia e propensão para o comércio e os negócios. A linha azulada e pouco profunda, associada a dedos longos e com pontas afiladas, sugere tendência para as artes.

Pontos ao longo da linha indicam as datas de ocorrência de doenças.

Cruzes anunciam eventos muito importantes, sendo sua época deduzida da localização do desenho. Se houver linhas secundárias que as liguem a uma outra linha, é possível determinar a natureza do acontecimento, com base no significado dessa outra linha.

Triângulos indicam tenacidade, disposição para o trabalho e capacidade de realização de projetos.

Grades ou quadrados indicam hesitações e contratempos graves. Sua localização permite calcular a época de sua ocorrência.

Correntes são típicas de sofrimentos e aflições, cuja data de ocorrência será indicada por sua localização.

Linha de Ogum

Essa linha atravessa a palma da mão transversalmente, começando acima da Linha de Oxum. É a Linha da Cabeça da quiromancia tradicional. O espaço plano da palma da mão, abaixo dessa linha, é chamado Campo de Ogum (Campo de Marte na quiromancia tradicional).

Quando a Linha de Ogum é razoavelmente reta e horizontal, fala de equilíbrio, ponderação, decisão, coragem, audácia e vontade forte. Se é bem nítida, indica inteligência, bom caráter e personalidade forte. Se for reta e bem-feita, mas pálida, sugere maior força mental que física; a pessoa tem capacidade de organização e direção, mas a falta de energia enfraquece essas virtudes. Se for nítida e profunda, mostra espírito de luta: a pessoa lutará e se esforçará ao máximo, sobrepondo-se às dificuldades naturais da vida.

Se a linha for fina, diz que o indivíduo é facilmente influenciável. Se for muito vermelha, denota violência e autoritarismo; se tiver grades, brutalidade. Se for muito fraca, é sinal de paixões fortes e frustrações que levarão o consulente ao desespero ou ao vício.

Uma linha oblíqua indica propensão a hesitações e indecisões prejudiciais ao sucesso. Se for interrompida a intervalos ou segmentada, diz que a pessoa é apática e pouco resistente, podendo ser dominada por outros mais fortes e ter seus direitos desrespeitados. Se descer segmentada até encontrar-se com a linha de Omolu, anuncia fatalidade, ação premeditada que pode levar à perda do indivíduo. Se for com esse mesmo aspecto até o monte de Iemanjá, indica risco de loucura ou outra doença mental grave. Se for interrompida no meio, principalmente se nesse ponto houver uma cruz, há risco de morte violenta, possivelmente em uma luta pessoal.

Pontos pálidos ao longo da linha indicam raciocínio lento, preguiça mental. Pontos azulados anunciam enfraquecimento das virtudes da linha e tendência às divagações. Pontos escuros assinalam nervosismo e fraqueza sexual, podendo haver insatisfação e impotência nessa área. Nas mulheres pode indicar também esterilidade.

Cruzes anunciam eventos muito importantes; correntes, sofrimentos e aflições; grades ou quadrados, hesitações e contratempos graves. Triângulos indicam tenacidade, disposição para o trabalho e capacidade de realização de projetos. Todos esses acontecimentos se referem, no caso dessa linha, ao domínio mental, à vida intelectual e à expressão da vontade.

Linha de Xangô

Essa linha atravessa a palma da mão transversalmente, saindo da base do indicador (dedo de Xangô) ou da borda interna da mão, abaixo desse dedo. É a Linha do Coração da quiromancia tradicional. Bem traçada e nítida, denota natureza afetuosa, generosidade, coração bondoso. Longa, bem-formada e com um colorido vivo, é a marca dos grandes amorosos, dedicados e devotados, amantes fiéis, esposos leais e grandes pais de família. Bem-formada, mas curva, promete aventuras amorosas e inconstância.

Uma linha forte e vermelha indica temperamento amoroso. Sendo forte, mas pálida, anuncia espírito sonhador e idealista, e sofrimento por amores irrealizados. Ligada ao Anel de Oxum sugere risco de vícios e depravações.

Sendo pálida e fraca, a linha indica frieza e pouco amor ao próximo. Se for curta, indica materialismo e sensualidade. Mas uma linha curta em uma mão quadrada (com os dedos quase do mesmo tamanho e falanges dominantes) é o sinal dos gastrônomos bem-humorados, dos grandes financistas e dos homens de negócios bem-sucedidos.

Pontos fundos, escuros ou arroxeados ao longo da linha anunciam males cardíacos.

Correntes indicam sofrimento por amor e afetos não correspondidos. Grades são um sinal de egoísmo. Triângulos denunciam os avarentos e oportunistas, que não conhecem o amor. Uma linha satélite nítida anuncia felicidade no amor. Estrelas denunciam uma pessoa aventureira e volúvel no amor.

Uma estrela associada a uma interrupção próxima da linha ou do Monte de Omolu indica risco de suicídio por causa de uma paixão.

Linha de Omolu

Essa linha corta a mão verticalmente, partindo da base do dedo médio. É a Linha do Destino da quiromancia tradicional. Se for nítida e bem configurada na parte inicial, afinando depois, indica infância e juventude mais felizes que a maturidade; se começa fina e débil, fala de uma infância pobre ou de um início de vida difícil e incerto. Se for mais ou menos igual em todo o trajeto, os períodos mais favoráveis da vida poderão ser calculados verificando-se a posição de seus trechos mais retos e densos em relação à Linha de Oxum.

Uma linha muito fina e pálida, interrompida ao cruzar a de Ogum, é a marca dos tristes e solitários: anuncia vida obscura e de isolamento. Se tiver uma estrela nessas circunstâncias, revela misticismo acentuado.

Uma linha oblíqua, inclinando-se para a base do Monte de Iemanjá, indica propensão a sonhos e divagações que dificultam as realizações na vida prática. A mesma configuração, mas em direção ao Monte de Oxum, mostra inclinação para sentimentalismo e sensualidade.

Se a linha aparece somente na mão direita, a boa sorte se deverá a legados e heranças, cuja maior ou menor importância será indicada pelo comprimento e profundidade da linha.

Se é cortada ou interrompida pela Linha de Ogum, mostra que a pessoa foi prejudicada em seus projetos por abstrair os sentimentos e afastar-se de amigos que a poderiam auxiliar, ou por criar antagonismo com possíveis protetores, chefes ou autoridades. Se é cortada ou interrompida pela Linha de Xangô, a força das paixões dominou o consulente, roubando-lhe a capacidade de raciocínio e levando-o ao fracasso.

Se a linha vai até a falange do dedo de Omolu, indica muita sorte no plano material, riqueza e poder; nesse formato e associada a uma estrela nesse dedo anuncia celebridade como político, banqueiro, industrial ou outra atividade do mundo material.

Se a linha vai até a falanginha, indica sorte no campo intelectual para inventores, poetas, escritores, jornalistas, filósofos e pensadores. Uma estrela nesse dedo anuncia fama ligada a essas atividades.

Se a linha vai até a falangeta, é sinal de realização espiritual e transcendência: felicidade mística, santidade, êxito em vida eclesiástica ou relacionada a religião e ocultismo. Uma estrela indica celebridade nessa área.

Um satélite (linha geminada) reforça as boas qualidades indicadas pela linha primária; seu significado específico é determinado pela comparação com a Linha de Oxum. Uma linha duplicada, nítida e bem colorida indica sorte excepcional ou felicidade extraordinária.

Pontos anunciam mágoas ou obstáculos. Pontos ou pequenos segmentos densos e bem desenhados seguidos por estrelas indicam fases em que há possibilidade de enriquecimento, que pode ser por ganhos em jogos. Pontos escuros e fundos revelam doenças reumáticas, do fígado, dos intestinos ou dos olhos; acompanhados por grades sugerem paralisias ou acidentes.

Correntes indicam dificuldades a vencer na luta pelos ideais ou na busca do sucesso. Triângulos revelam astúcia e habilidade; com ramais na direção da linha de Xangô, anunciam proteções.

Linha de Oxalá

Essa linha corta verticalmente a palma da mão, partindo aproximadamente do seu centro e indo até a base do dedo anular. É a Linha da Saúde da quiromancia tradicional. Com traçado nítido e reto, é sinal de fama e boa sorte.

Uma linha comprida expressa imaginação vigorosa: é característica de romancistas e poetas e, tendo o traçado reforçado ou com estrelas, de gênios e pessoas com talentos especiais. Quando cruza a Linha de Xangô, o êxito e a fama serão acompanhados pela riqueza. Uma bifurcação que alcance o dedo mínimo indica inventividade, talento criador prático e genialidade científica.

Uma linha geminada e com os dois elementos firmemente traçados é muito bom sinal: as virtudes típicas estão fortalecidas. Se a linha for geminada e segmentada ou com corte transversal, indica dispersão de habilidades: o indivíduo é versátil e tende a ter muitas atividades, não se concentrando em nenhuma. Várias linhas paralelas, firmes e rosadas, são a marca do gênio universal, capaz de realizar-se em muitos campos de atividade simultaneamente.

Um traço fino revela fraqueza das capacidades representadas por essa linha. Uma linha pálida indica boa capacidade intelectual e criatividade, mas sem possibilidade de êxito. Uma linha escura ou com sulcos anuncia doenças do aparelho respiratório.

Pontos ao longo da linha indicam obstáculos que dificultam o êxito dos talentosos. Correntes anunciam dores e sofrimentos vinculados às dádivas de Oxalá. Grades e quadrados denunciam inimizades, perseguições e impedimentos. Triângulos, entretanto, representam um reforço das qualidades naturais expressas pela linha.

Linha de Oxóssi

Essa linha corta a mão verticalmente, partindo da base do dedo mínimo. É a Linha da Intuição da quiromancia tradicional. Revela o modo como a pessoa usa sua inteligência e capacidade de raciocínio. É prática, ao contrário da Linha de Ogum, em que a função mental é idealizada, potencial.

Uma linha bem desenhada é a marca dos homens de negócios, financistas, comerciantes, advogados, mestres e inventores. Sendo reta indica tendência às especulações, mas também denota honestidade e retidão. Se estiver truncada ou interrompida, denuncia astúcia, desonestidade e mentira; nesse caso, os triângulos indicam vícios, e não virtudes.

Uma linha muito vermelha, principalmente se existir o Anel de Oxum, assinala os que exploram mulheres ou vivem às suas custas. Se tiver triângulos, sugere busca de enriquecimento pelo casamento, desprezando o amor.

OS MONTES

São elevações mais ou menos acentuadas existentes em vários pontos da palma da mão.

Monte de Oxum

Fica junto à base do polegar. Tendo volume e cor normais revela uma sexualidade sadia. Muito alto e rosado indica vida sexual intensa, com possibilidade de excessos ou comportamento obsessivo nesse campo. Um monte baixo anuncia frieza e fraqueza sexual. Um relevo destacado no centro denuncia infidelidade, se o Monte de Iemanjá tiver uma configuração má; sem essa característica, pode ser indício de espírito artístico e boêmio.

Monte de Xangô

Fica na base do dedo indicador. Uma boa configuração e uma cor rosada são sinais de temperamento decidido e firmeza de caráter. Muito desenvolvido indica tendência ao autoritarismo, gosto pelo comando e mania de notoriedade. Muito plano revela servilismo, conformismo, falta de energia para lutar. Um relevo destacado no centro indica melancolia, timidez e receios constantes; mas se for alto junto à raiz do dedo, promete riqueza ou posição elevada. Sulcos, pontos e coloração pálida indicam contratempos, sofrimentos e doenças.

Monte de Omolu

Fica na base do dedo médio. Se tiver uma boa configuração, indica uma vida tranqüila, embora solitária; estrelas anunciam boa sorte. Se for muito saliente, revela ceticismo e indiferença; com grades ou quadrados, derrotismo e pessimismo. Um monte amplo, indo até a Linha de Xangô, anuncia solidão e tristeza. Uma elevação destacada no centro é a marca dos vencidos: indica reserva, hesitação e renúncia aos esforços para realizar os ideais. Se for sulcado no meio revela uma natureza dual, com períodos de depressão seguidos de fases de energia e decisão capazes de levar ao êxito. Triângulos nesse monte indicam talentos capazes de anular as previsões desfavoráveis; pontos e cruzes anunciam sofrimentos, decepções e desilusões.

Monte de Oxalá

Fica na base do dedo anular. Alto e bem-formado, é a marca dos grandes artistas. Forte e saliente na parte superior, é indício de criatividade, espírito inventivo, iniciativa, capacidade de raciocínio lógico e organização. Muito extenso, indo até quase a Linha de Xangô, denuncia luta por fama. Um monte fraco e pequeno revela falta de gosto artístico e de iniciativa, timidez e apatia, que faz desperdiçar as boas oportunidades. Sulcado ou deprimido no centro indica dispersão dos talentos, versatilidade estéril; pequenos triângulos, nesse caso, revelam pequenos êxitos e mediocridade. Grades e quadrados anunciam obstáculos, perseguições, rivalidades e concorrência desleal. Pontos e correntes assinalam desilusões ligadas aos temas de Oxalá. Um tom rosado vivo é bom, atenuando os males e reforçando as virtudes prometidas pelo monte. A palidez, principalmente se estiver associada a pontos, anuncia doenças diversas, quase sempre degenerativas, e infecções repetidas.

Monte de Oxóssi

Fica na base do dedo mínimo. Com uma boa conformação, indica alta capacidade para negócios, especialmente no comércio, mas também denuncia astúcia e intriga. Um monte raso caracteriza os ingênuos, que se deixam lograr facilmente. Muito forte no ápice, revela desconfiança, audácia, capacidade de persuasão e falsidade. Um ápice bifurcado indica desonestidade e gosto por negócios escusos; um triângulo nessa área, com essa configuração, é o estigma dos ladrões. Se o dedo correspondente for pontudo, o indivíduo é preguiçoso e gosta de viver à custa dos outros. Grades e quadrados marcam o indivíduo que promete muito e não realiza nada, além do caloteiro. Correntes e pontos indicam obstáculos e sofrimentos relacionados aos assuntos de Oxóssi. Pontos em um campo pálido revelam doenças dos intestinos, pâncreas e órgãos associados.

Monte de Ogum

Fica na borda lateral externa da palma da mão, entre as Linhas de Oxum e Xangô. Sendo bem-conformado e alto, é sinal de temperamento ardente, característico dos lutadores e dos espíritos muito ativos, dotados de senso de justiça, que não abrem mão de seus direitos. Sendo mediano, indica uma vontade firme, que conduz ao êxito, mas sem maior brilho ou grandes lutas. Um monte muito pronunciado revela aptidão para esportes, esforço físico e violência; o indivíduo pode ser grosseiro e rude, tornando-se antipático por sua agressividade. Um monte raso é a marca do indivíduo "de boa paz", caseiro e pachorrento, que foge às lutas e prefere a vida sedentária. Triângulos acentuam as virtudes e os defeitos anunciados pelo formato geral do monte. Pontos e sulcos anunciam sofrimentos e humilhações; pontos em campo pálido alertam para doenças do sistema nervoso, como lesões cerebrais, perda de memória, entre outras. Correntes e grades indicam dificuldades. Se o formato do monte for favorável, esses obstáculos serão estímulos à luta e à vitória; em caso contrário, trarão a derrota.

Monte de Iemanjá

Fica na borda lateral externa da palma, logo acima do punho, em linha reta com o Monte de Oxum e abaixo do de Ogum. Sendo muito acentuado, revela imaginação fértil, amor às artes e à literatura, mas também denuncia propensão para divagação, fantasia e preguiça. O monte mediano e rosado caracteriza os místicos que ao mesmo tempo são sensuais. Um monte saliente, com muitos triângulos, promete comportamento excêntrico e imprevisível. Alteado no centro, denuncia vaidade e orgulho, mas capacidade de se esforçar para realizar seus grandes sonhos. Um monte excessivamente alto prediz muita fantasia e mentira. Um monte raso denota simplicidade; mas com cruzes revela dissimulação e hipocrisia, ao lado de uma vontade fraca. Um monte raso e sulcado denuncia inteligência fraca; se tiver muitos pontos nessa configuração, indica inveja e vícios secretos. Pontos em campo pálido prenunciam doenças genitais e do aparelho urinário, além de perturbações cerebrais e auditivas. Correntes e grades nesse monte indicam sofrimentos por sonhos irrealizados, especialmente no campo amoroso. Triângulos podem indicar temperamento explosivo e individualismo exagerado. Cruzes denotam capacidade mediúnica e vidência. Estrelas em um monte rosado e bem-formado asseguram a realização dos desejos mais extraordinários.

AS LINHAS SECUNDÁRIAS

Linhas de Iemanjá

São pequenas linhas horizontais situadas na borda externa da palma da mão sobre o Monte de Iemanjá. Se não atingirem nenhuma outra linha, anunciam viagens.

As que se dirigirem para a Linha de Oxóssi anunciam acontecimentos surpreendentes relacionados aos significados expressos por esta última. Se forem rosadas e bem-feitas, anunciam eventos benéficos; fundas e escuras, doenças dos órgãos digestivos.

Se forem para a Linha de Omolu, os eventos anunciados se referem ao tema apresentado por esta última.

As que alcançarem a Linha de Oxum, sendo bem delineadas e coloridas, revelam sexualidade sadia, fertilidade e boa prole. Sendo escuras e marcadas por pontos ou correntes, anunciam doenças genitais e dificuldade de realização sexual. Linhas pálidas denunciam nervosismo, ociosidade, imaginação doentia e até vícios.

Uma só linha, pálida e fraca, com uma cruz visível, pode indicar um problema de obstrução pulmonar agudo (afogamento, sufocação) ou crônico (asma, bronquite); será conveniente confirmar observando a Linha de Oxalá.

Várias cruzes ao longo da linha podem indicar loucura, se a Linha de Ogum se dirigir para o Monte de Iemanjá.

Linhas de casamento

Consistem em um grupo de linhas horizontais que se cruzam na borda externa da palma da mão, logo abaixo do dedo mínimo, acima da Linha de Xangô. Cada linha anuncia uma união. Uma linha curta e bem acentuada, rósea ou vermelha, indica casamento ou ligação amorosa estável. Se a linha for fraca e muito curta, anuncia dificuldades, principalmente se tiver quadrados, correntes ou cruzes. Uma boa linha de casamento com cruzes revela infelicidade conjugal; com estrelas ou triângulos, felicidade. Cortes transversais anunciam possibilidade de separação. Essas linhas devem ser analisadas em conjunto com as linhas e os Montes de Oxum e Xangô.

Linhas da prole

Consistem em um grupo de linhas verticais localizadas na mesma região onde estão as linhas de casamento. Elas representam os filhos e seus destinos, e devem ser analisadas juntamente com as Linhas e os Montes de Oxum e Iemanjá. As linhas retas indicam meninos e as curvas, meninas. Linhas fortes e rosadas correspondem a crianças fortes e sadias; linhas medianas, a crianças regulares; linhas fracas, a filhos muito débeis.

Anel ou Cinturão de Oxum

É uma linha curva situada abaixo dos dedos anular e médio. Por sua presença, força e traçado dá indicações acerca da sexualidade da pessoa.

Anel de Omolu

Contorna a base do dedo de Omolu. Sua presença indica propensão para a religião, ocultismo ou magia.

Bracelete

É uma série de linhas paralelas que circundam o punho. São indicadores da longevidade: cada uma dessas linhas pressagia 30 anos de vida.

Cruz Mística

É o nome dado a uma cruz localizada entre as bases da Linha de Oxum e de Omolu. Sua existência mostra tendência ao ocultismo e à magia.

Cruz da Fortuna

É o nome dado a uma cruz localizada na área delimitada pelas Linhas de Ogum, Xangô, Saturno e Oxalá. Sua presença fala da sorte do consulente.

A CLARIVIDÊNCIA

A CLARIVIDÊNCIA É MUITO UTILIZADA NA UMBANDA E IMPLICA A possessão do adivinho por um de seus guias, habitualmente um preto-velho, espírito cigano, caboclo ou entidade do Povo da Rua. Às vezes essas entidades simplesmente dão ao vidente as intuições adequadas à situação. Outras vezes empregam algum tipo de material adequado para a vidência, como a bola de cristal e o copo com água; talvez este último seja o instrumento mais comumente utilizado.

A clarividência não é restrita a nenhuma categoria específica dentro da hierarquia sacerdotal, nem existem exigências rituais rígidas para seu uso. Mesmo que o indivíduo não trabalhe em nenhum templo, um de seus guias poderá aproximar-se e dar-lhe o dom do oráculo. Essa situação é encarada como uma missão indispensável ao desenvolvimento espiritual, que o vidente deve cumprir com responsabilidade, sob pena de encontrar muitos obstáculos em sua vida.

A consulta é mais informal que a de outras práticas divinatórias, sendo freqüentemente realizada na própria casa do vidente, em um cômodo destinado a esse fim. Não há regras previamente estabelecidas em relação à interpretação do que acontece nessa consulta; tudo depende da forma como a entidade se comunica com o médium e da experiência desenvolvida por este último na interpretação dos sinais enviados por seus guias.

É comum que o vidente realize uma preparação imediatamente antes de iniciar o trabalho, acendendo uma vela, queimando um defumador e fazendo uma oração para purificar o ambiente e favorecer a aproximação da entidade que lhe dá a vidência.

A consulta costuma desenvolver-se em duas etapas. Logo no início, o consulente aguarda que o adivinho, depois de algum tempo de concentração, comece a descrever o que está vendo. É comum que o vidente fale por algum tempo, abordando uma série de fatos passados, presentes e futuros da vida do cliente. Esgotadas as imagens que lhe vieram espontaneamente, o vidente pergunta ao consulente o que ele deseja saber; este faz então suas perguntas e o vidente volta a se concentrar para responder a cada uma.

Toda consulta a um adivinho tem alguma razão específica, que geralmente é um problema amoroso, de trabalho, saúde ou dinheiro. Por essa razão, uma parte importante da conversa é o aconselhamento relativo às medidas que devem ser tomadas para solucionar as questões identificadas. Será recomendado que o consulente execute determinadas práticas mágicas ou religiosas: acender velas para o seu anjo da guarda ou para uma entidade capaz de influenciar o assunto, fazer uma oferenda, recitar determinadas orações, submeter-se a um ritual ou até mesmo buscar a iniciação religiosa, se for determinado que a origem de seu problema é o desleixo em relação a seu desenvolvimento espiritual.

PALAVRAS FINAIS

Este livro procurou mostrar em linhas gerais o amplo leque das técnicas divinatórias utilizadas nas religiões afro-brasileiras. Esperamos que ele seja útil como registro de uma parte importante de nossas tradições culturais e como orientação inicial para aqueles que estejam à procura de um caminho adequado para a prática do que sentem ser sua missão espiritual.

Pedimos aos nossos leitores que utilizem este material de forma responsável, respeitando as normas das religiões dentro das quais essas práticas foram desenvolvidas.

Que os orixás e os espíritos de luz guiem seus passos na senda da verdade e da paz.

Este livro foi composto com a tipografia Sabon, corpo 10,5/14.
O papel de miolo é offset 75g/m², e o de capa, cartão 250g/m².
Foi impresso na Lis Gráfica e Editora, em São Paulo, em fevereiro de 2007.